老玩童
遊義大利三部曲 III

香港亨達集團創辦人及名譽主席
鄧予立——著

推薦序一

認識鄧予立先生的朋友們都知道他是成功的金融家，也是知名的旅行家，熱愛攝影並勤於書寫記錄他旅遊各地的種種驚嘆與感受，鄧先生非常樂於與讀者分享他的旅行經驗與觀點。

從鄧先生已經出版的十六本博文遊記中，可以讀到他深厚的人文、歷史、和美學藝術的素養，字裡行間總是表達出他對每個參訪地方的細微觀察、對每個自然景觀的眞情抒發、以及對歷史文物藝術的鑑賞、對各地美食美酒的品評，而從他書中的描述，也常能讀出他對人的一種眞誠寬容與關懷之心。文如其人，鄧先生豐富的文化底蘊常常精彩地匯聚在他的行腳和諸多作品中。

鄧先生的目標是在七十歲前踏訪一百五十個國家，他的足跡跨越五大洲，遍及許多國家與城市、高山與湖泊、非洲草原與西藏高原、連地球遠端的南極都有他快樂的蹤影。如果不是因爲過去三年多的新冠疫情擱延了一些行程，鄧先生應該已經達成他個人許下要踏訪一百五十個國家的目標了！雖未盡，但也已接近了！真不知道地球已經被他繞了多少圈圈了？個人猜想鄧先生恐怕是世界上除了資深飛行員外，繞行地球累計最長距離的旅人觀察家吧！若是沒有強烈探索的熱情、超人的毅力、以及爲達成目標鍥而不捨的精神，是不可能成就這麼一位出色的旅行家的！

三年多前新冠疫情無情肆虐，各國各地紛紛祭出封城與隔離政策，很長一段時間世人幾乎停止了旅行，鄧先生在書中也提到約有三百多天的時日他滯留外地，無法返回香港。當歐洲一些國家或地區的封城或隔離政策因應不同狀況的發展而開始有些不定期的鬆綁，這時大家仍舊不敢出門旅行，但是鄧先生已經馬不停蹄地數度踏訪歐洲幾個國家做深度的訪遊了，也因此記錄下這段期間他在幾個歐洲國家很特殊的「疫行」，「疫行」讓鄧先生有機會更深入的觀察！他竟然又已出版了好幾本這段期間的深度遊記了！如此旺盛的生命力著實令人佩服啊！

鄧先生邀我爲他將要出版的《老玩童遊義大利三部曲》寫推薦序，我感到很榮幸，但也很意外。或許是因爲他記得我曾不經意提過，義大利是讓我著迷的歐洲國家，他若書寫疫情期間在義大利的深度旅行見聞，一定會很特殊，相信這本書會成爲我未來再度遊訪義大利時的重要地圖與指引吧！我欣然接受了鄧先生的邀約寫序，因爲我可以先睹爲快啊！

其實，大多數人都不會有機會以及相關的資源與條件踏訪鄧先生所行走過的每一個旅程，也因此，每次閱讀鄧先生的遊記見聞就會有一種似乎自己也參訪其中的感覺。感謝鄧先生旅行中仍然勤奮的筆耕，這種毅力非常的驚人！也因爲他熱情快樂的分享，讓讀者卽使沒有去過那些他筆下魅力無窮精彩萬分的地方，也能夠感受到那些旅程中的特殊景致或深刻見聞，或許這也是一種「神遊」吧！

對許多人而言，義大利令人著迷與陶醉，因爲這個國家擁有極豐富與卓越的歷史、文化、藝術、宗教遺產，處處可見，每一個城鎭都有各種偉大和美麗的歷史建築物，例如：教堂、修道院、古代競技場、歌劇院、博物館、城鎭廣場、古老的大學建築……，各種歷史遺蹟俯拾皆是，每個城鎭中心會因其歷史之演變以及相關之規劃而顯露其特殊與迷人之處！

義大利的文學、歌劇、電影常被世人讚嘆與欣賞！數十年來，當代義大利的設計風格與能耐名聞全球，左右或啟發了世界時尚！從服裝品牌到各種器物，「義大利」代表著時尚！

義大利到處有秀麗動人的自然景觀與農村景觀，令人興嘆！也有舉世聞名令人垂涎的美食與美酒、松露與乳酪、火腿與巧克力、咖啡與冰淇淋、香料與橄欖油，麵食與披薩，所謂「義大利鄉土料理」、「義大利菜」不知征服了多少人的味蕾。美好食物是義大利常民生活的一部分，直接美味簡單不做作，非常「義大利」！

可以說，現代義大利是活在歷史義大利當中，因爲其人文藝術歷史底蘊深厚，才能創造出當代如此特殊眩迷的風采。義大利是歷史與現代的美麗結合！這些特質在鄧先生的書中都有鮮活的描寫。

疫情期間，鄧先生花了一百多天數度造訪深入義大利，可見義大利對他的吸引力有多大。書中生動詳細地呈現了義大利幾個大區，例如倫巴第

（Lombardia）、威尼托（Veneto）、皮埃蒙特（Piemonte）等的重要特色。

他以倫巴第大區之時尚米蘭爲中心，訪視了附近著名的城鎮。書中介紹米蘭大教堂的歷史，讚嘆其建築魅力充滿藝術及震懾人心的完美，時尚米蘭在他的筆下，歷史文化與現代動感栩栩如生，躍然於紙上。他遊覽倫巴第大區非常著名的科莫湖、加爾達湖、馬焦雷湖，風景如畫，宛如人間仙境，湖光水色媚力無窮，在導遊的推薦下也特別到訪湖邊附近的幾個著名小城鎮，描述城鎮的歷史古蹟，與讓人沉醉無比的美景。遊記寫的很細膩，仔細介紹每個城鎮，讀者只要細讀就會很自然的跟隨著鄧先生的行腳，知道自己未來若有機會造訪時的選擇。

威尼托大區的「水都」威尼斯讓鄧先生再三的流連忘返！誰不會呢？這是被許多人公認世界最美麗與浪漫的城市啊！威尼斯水都有一百多個潟湖島嶼，大小運河、水道穿梭其間，四百多座橋將威尼斯城夢幻式的串連起來！大概只有歷史上的威尼斯人才能夠打造出這樣的城市！已經有一千年的歷史。

書中對這個大區的帕多瓦（Padova）古城評價很高，認爲這個古城是藝術的搖籃，詳細介紹其重要的學術殿堂帕多瓦大學以及全義大利最大的河谷草地廣場和聖安東尼大教堂的建築風貌、斯克羅威尼禮拜堂的著名壁畫：最後的審判，和這個城鎮眾多的的博物館與市容，讓人覺得應該到此一遊。

鄧先生情有獨鍾愛上維羅納（Verona）城，四度訪遊，這是莎翁名劇《羅密歐與茱麗葉》的故鄉，是愛之城，這個城被聯合國教科文組織列爲世界遺產，有二千年的歷史，現在仍存有許多古羅馬的遺蹟，維羅納圓形競技場已成爲大型戶外歌劇的場地，一票難求！

鄧先生踏訪東北部的多洛米蒂山脈（Dolomiti），這是上帝遺留在阿爾卑斯山的後花園，多洛米蒂山時時以其變幻無窮的色彩迎人，展現秀麗、寧靜和神奇的美姿，令人不敢逼視。

遊訪北義西邊的皮埃蒙特大區，書中盡興的描寫了他的舌尖旅行，介紹了阿爾巴鎮叫人蕩氣迴腸的白松露，巴羅洛（Barolo）鎮令人飄飄欲仙的義大利最高等級紅酒，相信讀者看了也會垂涎欲滴！書中對這個大區的首府都靈（Turin）的歷史、建築、教堂、修道院、城市廣場、博物館、皇宮、文化宗教背景等有詳細的引介。

鄧先生在書中記錄了他在義大利的攀山涉水、名勝古蹟的探索、歷史文化藝術的尋訪、心靈的反思，可以看出他每次訪遊義大利各地都做足了功課，讓「義大利深度遊」相當充實，一定會開闊讀者們的眼界。

最後，值得一提與注意的是，因爲極端氣候，造成全球旱象肆虐，歐洲許多地方目前正在經歷五百年來最嚴重的大旱，連水鄉澤國的威尼斯，目前因爲運河水位過低，導致貢朵拉和其他船隻無法通行，部分區域乾涸見底，「水」都變成「旱」都。鄧先生書中的「貢朵拉」浪漫行，在乾旱期行不通！

義大利最長的河流——六百五十公里的波河（Po River）發源自阿爾卑斯山脈，從西向東，橫貫了北義的皮埃蒙特區、倫巴第區、到東邊的威尼托區，並從威尼斯出海。鄧先生書中提到在波河河畔看美麗的日出日落。波河在北義的皮埃蒙特區灌溉了歐洲稻米最大的產區。但由於極端熱浪、久旱不雨，水量比去年減少61%，最長的波河在許多地方竟變爲沙地，波河河谷的稻田因無水灌溉而乾涸，因而嚴重衝擊到稻米等農作物的收成，而皮埃蒙特區是義大利的穀倉，三分之一食物來自此區，可見其嚴重性！

鄧先生書中提到他遊覽了座落在北義的的加爾達湖（Lake Garda），是義大利最大湖，美麗動人。根據義大利環保組織聯盟，近來其水位已降至歷史最低點，人們可以通過湖水乾涸裸露出來的小路，走到湖上的小島聖比亞焦，難以想像。

鄧先生書中筆下的義大利如夢似幻，然而全球愈來愈嚴重的氣候變遷和氣候災難，卻已造成人類世界永續發展的最大問題和挑戰了，揮之不去，必須嚴肅面對和解決，人人有責。深盼本書中美麗的義大利能永續存在。

賴幸媛

前中華民國駐 WTO 常任代表團大使

推薦序 二

二〇二〇年初，突如其來的一場「新冠」疫情讓人們的生活驟然變得陌生，我們的身體徘徊於已經熟知的生活環境以及危機四伏的未知之中。在這場大瘟疫的肆虐中，許多國家的封鎖措施讓人們孤立於自己的城市和鄉鎮，和地球上的其他城市、鄉鎮和居民隔絕。

除了一間間被封鎖的房間，還有什麼能將人的心靈和其他處於世界不同角落的文化相連呢？品嘗各種美食、細品優美的風景，融入當地居民的生活中，走遍各處的山山水水，感受風吹草動，一切這些事物才是將人們的心靈和其他城市的文化之間建立聯繫的橋梁，這是一段有如夢境般浪漫的體驗。

「得疫」於這場疫情，鄧予立先生滯留在歐洲三百多天，他沒有慨嘆自己的計畫被打亂，也沒有失意於無法回到溫暖的家中，生性樂觀豁達的「老玩童」鄧先生利用這個難得的機會深入探索了歐洲的文化、歷史和美食，成為了一個特殊時期的「逆行者」。他用鏡頭和文字，展現了義大利深厚的文化底蘊和深刻的人文精神。讓讀者跟隨他的足跡，深入了解這個歷史悠久、文化豐富的國度。

鄧予立先生還用心記錄了當地人的生活和文化，展現了義大利人民的熱情、開放和自信。他與當地人交流，了解了他們的價值觀和生活方式，感受到了他們的生命力和創造力。

因此，《老玩童遊義大利三部曲》是圖文並茂的遊記，更是感性的文化研究和人文探索。他的文字深入淺出，他的圖片視角獨特，無論是文化、藝術、歷史還是人文，他都有著深刻的見解和獨到的思考，讓人忍不住為之傾倒。

然而，《老玩童遊義大利三部曲》又不僅僅是令人陶醉的遊記，還有更深刻的意義。疫情期間獨自旅行，作者經歷了孤獨的時刻，經常需要去和自己的心靈和諧相處，去思考自我，慢慢地接納生活中的每一個細節。在表面看上去，這本書是關於旅行的，但它同樣是關於搜尋生命眞諦的深沉的思索。

這本書是疫情時期的見證，但也同樣是人生旅程的記錄。每個人都可以在書中找到自己的影子，感受到心靈的共鳴。它不僅會輔助說明我們生命中的點滴，也會讓我們對這個世界的多元和美好產生更多的嚮往和探索。

疫情雖然已經過去，但肆虐三年的疫情卻給無數人的心靈留下了難以說明的「後遺症」。後疫情時代，我們更加需要這樣的充滿文化力量和人性溫暖的書籍，感受那一份寧靜和溫暖，重新審視生活的價值和意義。

最後，我要向鄧予立先生致以崇高的敬意和感激之情，他帶給了我們無限的文化和人文之美，讓我們感受到了人性的溫暖和文化的力量。請大家把這本書當做我們的朋友，讓它陪伴我們度過疲倦工作之後的漫長夜晚，輔助說明我們找到更多美妙的景色和生命之道的眞諦。

周小燕

米蘭華夏集團董事長

推薦序 三

Over the years, I have had the pleasure of meeting Mr. Tang in many countries, but the first time our path crossed was in Taiwan around 20 years ago. Since then, I have had the privilege of getting to know him as a friend. I have also had the pleasure of reading many of Mr. Tang's traveling books and following his pictures thru his social accounts, and I truly appreciated watching them during the lockdowns as they allowed me to dream about traveling during these difficult times.

I also have to admit that I am secretly jealous about Mr. Tang as in the last 20 years, he still looks the same and hasn't aged at all. I guess traveling and learning something new everyday are his fountain of youth.

It is my honor to write a preface for Mr. Tang's new book, "Traveling in

Italy." He is a very nice person, always smiling, full of energy, and always curious about what is happening in the world. What I admire most about Mr. Tang is his generous and kind nature. He enjoys his life to the fullest, and he shares his joy with everyone around him. Mr. Tang is always eager to make new friends, and his vast network of colleagues and friends from different fields is a testament to his warm and friendly nature.

One of Mr. Tang's passions is the craftmanship of high-end jewelry and watches. It is this love for the intricacies of design and beauty that led him to become interested with the legendary jeweler Buccellati.

Mr. Tang also collects stones, Chinese pictures, calligraphy, and limited edition pens. He is a lover of travel and has a passion for photographing magnificent landscapes but also has an amazing capacity to capture faces of people in a very genuine way. I believe it comes from the fact that they can see that he is a genuine person with a big heart and always a big smile on his face whatever happens. His kindness is contagious!

I had the pleasure of introducing Mr. Buccellati to Mr. Tang last time he visited Milan, and he can attest to Mr. Tang's passion and excitement when he visited the Buccellati Atelier in Milano. Mr. Tang's passion for beauty and design is evident in every aspect of his life, and he is always eager to share his thoughts, opinions, and professional insights with others.

In conclusion, I hope readers will be inspired by Mr. Tang's love for travel, his passion for craftmanship and design, and his generous spirit. Mr. Tang's book is a testament to his zest for life and his unwavering commitment to sharing his experiences with others. The poet Gabriele d'Annunzio, a great patron of Buccellati always used to say while giving gifts to his friends that "you have what you have given", well, in this case one could say that Mr. Tang has a lot for all the sharing he has done about his amazing travels and the experiences he has accumulated.

I can't wait for the next book!!
and design

Dimitri Gouten

CEO Asia Pacific at Buccellati

【中文翻譯】

這些年來，我有幸在許多國家與鄧先生見面，然而我們第一次的相遇，卻是在大約二十年前的臺灣。此後，很榮幸與鄧先生成爲了朋友。我也有幸閱讀許多鄧先生所著作的旅遊書籍，並時常透過社群媒體帳號關注他的攝影作品，封城期間能看到這些照片，我心存感激，這使我在如此艱困的時期暢想自己也在遨遊世界各國。

我也必須承認，其實我暗自羨慕鄧先生，因爲在過去的二十年裡，他容貌依舊，仍然無時無刻洋溢著青春活力的氣息。我猜想每天旅行和學習新事物正是他青春的泉源。

非常榮幸能爲鄧先生的新書《老玩童遊義大利三部曲》撰寫序言。我非常欣賞他這個人，總是面帶微笑、充滿旺盛的生命力，每每對世界上發生的事情充滿好奇。我最佩服鄧先生的地方是他的慷慨和善良。他盡情享受生活，並與周圍的每個人分享他的喜悅與快樂。鄧先生總是熱衷於結交新朋友，他來自於不同領域的同事與朋友所形成的廣大人脈，在在證明了他熱情友好的個性。

鄧先生的愛好之一是欣賞高級珠寶和腕錶的工藝。正因對精細複雜設計和藝術美感的熱愛，使他關注了創世逾一世紀以上的傳奇珠寶品牌 Buccellati。

鄧先生亦收藏各種礦石、國畫、書法和全球限量版鋼筆。他熱愛旅行，熱衷於拍攝壯麗的風景，令人驚訝的是他也能捕捉到人物眞實而細膩的面孔。因爲這些拍攝的對象看見他的眞誠待人和開闊無比的心胸，且無論發生什麼事，臉上總是掛著燦爛的笑容。他的善良極度富有感染力！

鄧先生前次拜訪米蘭時，我有幸介紹他認識 Buccellati 先生，他可以證明鄧先生參觀米蘭 Buccellati 工坊時表現的熱情和興奮。鄧先生對藝術的美感和設計的熱切體現於生活的各個方面，並且總是滿腔熱忱地與所有周遭的人分享想法、觀點和專業見解。

最後，希望讀者能從鄧先生對旅行的熱愛、對工藝與設計的熱情，及其豪爽的精神獲得啟發。鄧先生的作品證明他對生命的熱愛和與他人分享經驗的堅定承諾。義大利著名詩人加布里埃爾・鄧南遮（Gabriele d'Annunzio）是 Buccellati 的主要收藏家之一，過去送禮給朋友時常說：「有捨卽有得」。那麼，既然這樣，我們也可以說鄧先生爲精彩旅程和累積的經驗所給予的一切分享，代表他非常地富裕。

非常期待《老玩童遊義大利三部曲》的出版！

Dimitri Gouten

Buccellati 亞太區總裁

自序

即便我已走過大半個地球，依然經常有人問我爲什麼還要繼續旅行，我也無數次的回答過這個問題，每次都是同一個答案：人總要走出去，看不同的風景，見識與瞭解不一樣的人類歷史文明，見證世界多彩多姿，才能認識到自己的渺小，才會抱持更加謙虛、更加開放的態度對待世界的異見。

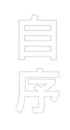

二〇二〇年七月開始，至二〇二三年二月，在疫情陰霾不時籠罩的三年間，我放開心情，盡情暢遊古國義大利，累計起來，總行程超過了一百多天，全國二十個大區裡的重要代表城市都曾遊歷過，更包括許多鮮爲遊客熟知的城鎮，到目前爲止是我歐洲各國遊歷中時間最長的國家。爲什麼我對她情有獨鍾，百遊不厭呢？

幾年前我看過一個電視節目，嘉賓說不管世界怎麼發展，一定要去歐洲旅行。作家阿城則說過這樣一段話：「不要先去義大利，要先去德國之類的國家，看工業文明和現代發展，然後再去法國、英國，看兩百年前的建築，最後再去義大利。如果把這個遊覽順序倒過來的話，就沒意思了。」言下之意，一旦遊過義大利後，再遊歐洲，又有什麼能入眼呢？他又說：「義大利是物質和精神都『任你求』的一個地方。」他所言極是！義大利作為「歐洲的文明之光」、「歐洲文化的搖籃」以及「文藝復興發源地」，她保留無數的文化遺產，到處都是延續兩千餘年的古老文明，她的地位不只在歐洲，幾乎在世界範圍內都沒有對手。朋友們可以通過我的義大利深度遊記明白我並非盲目誇讚，這並不是對我們的東方文明有絲毫的妄自菲薄之意，期待透過我的字裡行間，與讀者們分享這個人文歷史豐富的義大利。

目錄

巴里及周邊地區

那不勒斯及周邊地區

離島

前言・疫行義大利

義大利全名是義大利共和國（The Republic of Italy），一個讓中外旅客都趨之若鶩的國家。

猶記得我在一九八〇年結婚蜜月旅行時，首次旅遊義大利幾個較有名氣的城市，包括羅馬、威尼斯、米蘭、佛羅倫斯等，留下了深刻難忘的美好印象。其後四十年間，我數次重返義大利，有些景點是重複遊歷過的，當然也有首訪的景點。而最爲深度遊的一次要算是二〇二〇年以來的這三年了。由於世界猝不及防地遭到新冠肺炎的衝擊，人們的生活秩序被全盤打亂，突如其來的疫情也使我一度滯留在外地無法返回香港，長達三百多天之久。但也「因禍得福」，讓我乘機深度旅遊歐洲幾個國家，特別是瑞士、義大利和英國。最大的感受，莫過於景色依舊，環境卻截然不同。在疫情的無情肆虐下，各國、各城市採取不同的封城封區等防疫措施，一時間，平日熱鬧的大街小巷、擠滿旅客的熱門景點，變成了寂靜無聲、旅客寥寥可數的淒涼景況。然而，在這特殊時刻遊走其中的我，卻無意中享受到「疫行」之樂趣。

《老玩童遊義大利三部曲》是我繼「瑞士深度遊」的延續，要說瑞士的特色是看不盡的湖光山色，義大利則以絢麗的歷史人文風情著稱，在遊歷該國之餘，同時也是對歐洲文明的一次探索。當然她的自然景色也不遑多讓，同樣可以在這個國家見到群山連綿、丘陵起伏、海景壯闊等多變的地貌，更別提漫長海岸線上的風景秀麗。

我們展開世界地圖時，一眼就能見到上面的一隻靴子，這個國土形狀特殊的國家，就是義大利。她的面積達三十餘萬平方公里，疆土主要由南歐的亞平寧半島和位於地中海的兩個島嶼——西西里島和撒丁島（或稱撒丁尼亞島）所組成，在行政上劃分爲二十個大區，人口約六千萬。她還有個特別之處，就是領土包圍著兩個小型的主權國家——梵蒂岡（State of the Vatican City）和聖馬力諾（The Republic of San Marino）。

今天的義大利，是歐元區的第三大經濟體。二十世紀中，全球金融出現幾次經濟動盪、債市危機，都與她不無關係，可見其對歐洲乃至全世界的影響力。義大利本身是歐洲的文明古國，不僅有舊石器時代的考古遺蹟，更曾經發展爲一個疆域龐大的帝國，同時還是文藝復興的發祥地，歷史文化博大精深，直至今日依然保存很多令人驚嘆的遺蹟文物，甚至有不少是曠世之作的珍品，值得我們一看再看。說起來，截至二〇二一年，義大利還是擁有最多世界文化遺產的國家呢！據最新的資料記載，共有五十八個之多，相較中國的五十六個，暫時領先了兩個。

這次「疫行」義大利，由初夏至仲秋，由初春到盛夏，四季更迭，累計的旅遊時間居然長達一百多天，除了再度踏入一些過去曾經多次到訪的景點城市外，還走過不少鮮爲一般旅客所熟知的城鄉小鎮，甚至品嘗了多元的傳統美食。

由於完成的書稿篇幅甚巨，因而分爲三本書來出版，這是三部曲的最後一本。已經出版的第一本涵蓋北義重鎮米蘭、威尼斯及其周邊地區，第二本的重點放在中北義的都靈、羅馬、佛羅倫斯一帶，這本則介紹亞洲人較少前往、但同樣精彩好玩的南義大利與離島。

維羅納
威尼斯
都靈
米蘭
N
W
E
S
比薩
佛羅倫斯
利古里亞海
亞得里亞海
羅馬
巴里
那不勒斯
撒丁島
第勒尼安海
愛奧尼亞海
Italy
地中海
西西里島

雷焦卡拉布里亞及周邊地區

南義之南：卡拉布里亞大區

義大利的阿瑪爾菲海岸在歐洲名氣很大，是夢幻般的美麗海岸線，被譽爲一生非遊不可；與之遙相對望的西西里島則猶如靴尖上的足球，因爲一九七二年的美國黑幫電影《教父》（The Godfather）和二〇〇〇年的浪漫電影《西西里的美麗傳說》（Malena，臺灣譯爲《眞愛伴我行》）向世人展示了它兩種迥然不同的魅力。

對比之下，位於義大利本島最南端的卡拉布里亞大區（Calabria）在名氣上就不免稍顯落寞。實際上，它有著綿延達七百公里、不遜於阿瑪爾菲的海岸線。其中鮮爲旅客所知、卻也最令人驚豔的，是一條長約五十五公里的優美海岸線——「眾神海岸」（Costa degli Dei）。早在古羅馬文明之前，希臘人就遷居到此，同時也把璀璨的雅典文明傳過來，也因此在這個地方能欣賞到很多古希臘原汁原味的廟宇、精美的雕像和青銅文物，不知道「眾神海岸」的名號是否由此而來？

「衆神海岸」的位置在卡拉布里亞的維博瓦倫蒂亞省（Vibo Valentia），尼科泰拉（Nicotera）到皮佐（Pizzo Calabro）之間，面對著第勒尼安海（Tyrtjemoam Sea），也被稱爲「美麗海岸」（Costa Bella）。這裡擁有如綠松石和水晶般的清澈海水和白色的沙灘，其中部分沙灘甚至只能徒步或是乘船進入，宛若世外桃源一般。

這段海岸的沿線有不少小鎮，彷彿是衆神在義大利的最佳歸宿，也是上帝足跡所到之處。浸染了古老文明的地方除了尼科泰拉和皮佐之外，還包括特羅佩亞（Tropea）、梵蒂岡角（Capo Vaticano）等地，我將爲各位朋友逐個介紹。

卡拉布里亞大區的位置正是義大利靴子的腳趾部分，其面積達一萬五千多平方公里，人口兩百多萬人，在全國二十個大區中的人口與面積的排行皆列爲第十位。義大利大部分地區都屬於地中海氣候，夏季炎熱乾燥，冬天溫暖多雨。卡拉布里亞大區同樣氣候溫和，陽光充足，加上高山、丘陵和平原等多元地貌，自然環境得天獨厚。大區的歷史久遠，可以上溯到舊石器時代，在公元前八世紀已成為希臘人的殖民地，更不用說燦爛的古羅馬文明。不過目前此大區以農業為主，並非熱門的旅遊點，在義大利衆大區中，較為貧困、經濟不發達和高失業率，聽說如今失業率高達40%以上。然而我覺得它就是一處遺世天堂，極具旅遊潛力，當地的旅遊局應多加宣傳與發展，興旺旅遊業的同時，也帶動當地的經濟。

↑皮佐小鎮一隅

海濱小鎮中的女王：特羅佩亞

我造訪「眾神海岸」沿線的第一個小鎮爲特羅佩亞（Tropea），被稱爲眾多海濱小鎮中的「女王」，更是第勒尼安海的一顆明珠。這個佇立在陡峭懸崖上的古老村莊如同一個天然的環迴觀景台，眞正的「面朝大海，春暖花開」。

根據神話傳說，半神赫拉克勒斯（Hercules）在直布羅陀和非洲各豎立一根「赫拉克勒斯之柱」（Pillars of Hercules）後，從西班牙返回時建立了特羅佩亞。

實際上，據考證，特羅佩亞建於古羅馬時代，之後在拜占庭、諾曼和阿拉貢時期持續繁榮發展，且都具有重要功用。小鎮分爲兩個部分，絕大部分位於懸崖上，另一部分則在沿海港口一帶。小鎮曾經被城牆所包圍，只有通過防禦系統的城門方可進入，神祕而隱匿。如今小鎮的老城區只留下兩道城門，且周圍已改建爲民居，如果沒有當地人的指點，我根本無法辨認出城門來。

古城區的街道大多鋪上鵝卵石，亦有老舊的石板路。儘管這個區塊歷史悠久，卻充滿活力。這天石板路上特別鋪了一條長長的紅地毯，彷彿歡迎我的到來，原來是爲了迎接十二月的聖誕節。

1 街道上的聖誕裝飾
2 爲迎接十二月的聖誕節，石板路鋪上紅地毯

↑海灘上大岩石頂端的聖瑪利亞教堂

古城區有許多十八和十九世紀的貴族宅邸，保存完好，擁有各式各樣具有特色的大門，以及能夠欣賞無敵海景的陽台。色彩豐富多姿的石造建築同懸崖絕壁渾然一體，構成美妙絕倫的獨特景觀。

古城區的前方，潔白海灘上孤獨矗立一塊大岩石，頂端建了一座聖瑪利亞教堂（Santa Maria dell'Isola），正是小鎮的象徵。教堂興建於中世紀，過去曾有隱士居住，不過幾場大地震摧毀了原建築，今日所見的教堂是後來修建的。想要前往教堂，必須拾級而上，走過一條似乎已有兩百歲的長樓梯。

↑諾曼大教堂

想當年曹公登碣石山頂，將面前壯闊景象盡收眼底，吟詠出「東臨碣石，以觀滄海」。我亦期盼能一登岩頂，從教堂的任何角落俯瞰整個海岸，眺望第勒尼安海澄碧的海水與無限風光。非常可惜的是，教堂在每年十一月就已關閉，無法參觀。

除了這座標誌性的教堂，小鎮還有一座建於十二世紀的諾曼大教堂，裡面有一幅關於當地守護神羅馬尼亞聖母瑪利亞的畫作，創作於一三三〇年左右的拜占庭時期。若有興趣的人，不妨前往一探。

古城區所在的懸崖下面，那片潔白細緻的沙灘也是特羅佩亞爲人所稱道的地方之一，甚至有人評論，沙灘品質一點都不遜於阿瑪爾菲海岸。不過這片陽光沙灘有個禁令：不允許女性以裸體的形式出現在海灘上，這被認爲是不雅觀的。我不了解爲何僅限制女性，且據說禁令除了口頭警告之外，並沒有其他懲罰規定，形如虛設，所以遊客們仍可自由發揮。儘管如此，此刻正值初冬，即便對自己身材條件具有自信，想要「展露自我」的人，面對如此寒冷的天氣，恐怕也會望而卻步。

儘管特羅佩亞總面積很小，只有三點二平方公里，但它的美食在義大利也是排得上號的。其一是特羅佩亞紅洋蔥，口感香甜，完全不辣，是當地人餐桌上的家常菜，直接生切拌沙拉或是熬成醬配麵包均可。市集上，紅洋蔥的專賣店隨處可尋；另一個特色則是當地產的辣椒。要知道，義大利的辣椒多半產於南部，而特羅佩亞所在的卡拉布里亞大區更是重要產區。雖然到訪的旅客無法帶走新鮮辣椒，但可以購買當地特產辣醬，是非常熱門的伴手禮。

我的南義「腳趾」遊，就下榻在這個古市鎮。每天清晨用完早餐後，都會漫步於老城區，不放過每條巷弄。市民對外來人很熱情，知道我來自香港，主動跟我閒聊和拍照，就連下榻酒店的接待員也都喜歡我每天分享的旅行風景照片。

臨離開時，她還主動跟我建立起微信群，與我保持聯繫，以便追蹤我日後的旅程。

二〇二一年，特羅佩亞因其「海洋、陽光、藝術、文化、建築、美食和熱情好客」而獲得了義大利「最美麗的歷史城鎮」年度大獎。我一番遊覽下來，深感小鎮受此殊榮當之無愧。天曉得，興許眾神真的曾經出沒在這個地方！

1 紅洋蔥和辣椒是當地的特產

2 特羅佩亞街景

美麗海岸小鎮：梵蒂岡角、尼科泰拉、希拉

這趟南義之行，我爲求方便，留宿在特羅佩亞古城區的度假酒店，每天從古市鎮出發，前往其他景點。第二天，導遊先領我來到離特羅佩亞不遠的梵蒂岡角（Capo Vaticano）。它的名字與「城中國」梵蒂岡完全拉不上關係，而是來自於拉丁文 Vaticinium 一字，代表「神諭」。傳說當地的洞穴中曾經住了一位祭司，水手們在出海前，會先去向祭司請教這趟行程的吉凶。

這兒的海岸線是「眾神海岸」的其中一部分，導遊認爲也是一處不可錯過的景點，名氣當然無法與阿瑪爾菲海岸相比，遊客更加稀少，而且旅遊旺季已過，當我抵達梵蒂岡角時，整個觀景台由我一人包攬。從白色花崗岩的懸崖上，俯瞰腳下銀白色的小海灘，海水清澈透亮，「水浸碧天天似水」，美不勝收。懸崖盡頭有座建於一八七〇年的燈塔，若說哪裡最適合觀賞太陽自海上升起的壯麗景色，非此處莫屬了。我已記不清在全球各地看過多少次的日出日落，

但這種自然賞賜的壯美，無論看多少次，總令我讚嘆不已。曹操有詩爲證：「日月之行，若出其中；星漢燦爛，若出其裡。」我深以爲然。

欣賞了銀色小海灘，繼續前行就來到尼科泰拉（Nicotera）小鎮，司機告訴我，這是發源於卡拉布里亞的黑手黨「光榮會」（'Ndrangheta）的據點，屬於曼庫索家族（Mancuso）。光榮會是目前勢力最大的黑手黨，而曼庫索家族則是其中重要的元老家族。看過影視劇的人應該知道義大利黑手黨是以家庭爲單位，他們的勢力足以影響義大利社會的方方面面。幾年前曼庫索家族大佬的孫子結婚時，地點就選在這個尼科泰拉小鎮。婚禮聲勢浩大，一時無兩，甚至動用直升機降落在小鎮主廣場，新人更搭乘直升機沿著海岸觀光，導致小鎮的交通一度中斷三個小時。儘管事後卡拉布里亞的檢察官下令展開調查，但好像沒有聽到什麼實質性的後續，過過場而已！

當然單單遊覽尼科泰拉與黑手黨勢力並沒有什麼相干，鎮內大部分的建築物以淡黃色爲主，一看就知道已經有些年頭了。我走向小鎮的主廣場，司機指出這正是當年黑手黨舉行婚禮儀式的地方。此時的小鎮分外寧靜，甚至有些死氣沉沉，縱橫的巷子冷冷清清，偶有三兩個當地人安靜經過。有人說旅行的最

高境界是要融入當地人的生活，我不否認。然而這般清幽的異鄉小鎮，雖可以帶來短暫的寧靜和安逸，但若要讓我生活於這般環境下，時日久了不免會產生寂寞空虛感，還是寧可當一個過客便已滿足。

1 眾神海岸梵蒂岡角的美麗景致

2 海岸邊的觀景台

希臘神話中有一個吞吃水手的海妖叫斯庫拉（Scylla），她的下半身有六個狗頭和十二隻腳，又叫六妖獸，她守衛在墨西拿海峽（Strait of Messina）的一側，襲擊經過當地的船隻。卡拉布里亞大區有一個沿海小鎮希拉（Scilla）就是以海妖的名字命名。希拉前方就是墨西拿海峽，海峽的另一邊則是西西里島。小鎮從靠海的小漁村基亞納利亞區（Chianalea）發展起來，主要街道是一條長長窄窄的巷子，每當漲潮時，朝海那邊的房子有部分會被海水淹過，遠看仿如浮在海上的小鎮，非常特別。這區

被當地人稱爲「小威尼斯」或「南方威尼斯」。我見到漁民們有的將漁船停在房屋旁，有的拖到岸上，等候下次的出海。家門外面就能置放船隻，也可以隨時出海，感覺相當方便。

希拉擁有獨特的地理環境，當地人充分利用空間，山坡上和海邊都有人居住。除了「浮在海上」的平房外，大部分房子的建造從海岸向山丘延伸。我踏上陡坡的階梯，爬上約五百米高的山崗，高崗上有座袖珍的聖羅科教堂（Chiesa di San Rocco），從教堂前面的觀景台眺望下方的漁村，錯落有致，很有立體感。

1 希拉的主教堂及內部

2 掛滿彩傘的階梯

3 尼科泰拉聖母升天聯合大教堂

4 尼科泰拉海景

↑海邊的房子漲潮時會彷如浮在海上，遠處爲魯福城堡

希拉還有一座建在岩山上的魯福城堡（Ruffo Castle），位於海角高處，原先是防禦要塞，十六世紀卡拉布里亞公爵將其買下並改爲家族的居所。攀上城堡，不僅小鎮的海岸線一覽無遺，甚至可以遙望墨西拿海峽、西西里島和埃奧利群島。

幸運的是，這個樸素漁村沒有丁點商業味，瀰漫著一種寧靜自守的生活態度，時間彷彿在此凝固。小鎮無論在歐、亞旅客間名氣都不高，平常遊客稀少，卻同樣能享受浪漫的南義地中海風情，性價比高，是度假的好地方，於我而言，也是不枉此行也！

青銅之城：雷焦卡拉布里亞

細數全球的時尚界，肯定不會漏掉一個時尚界品牌范思哲（Versace，臺灣譯爲凡賽斯），然而或許很少鍾愛該品牌時裝的朋友知道創辦人喬凡尼・詹尼・范思哲（Giovanni Maria "Gianni" Versace，或譯爲吉安尼・凡賽斯）的出生地，就在南義「腳趾」卡拉布里亞大區的首府雷焦卡拉布里亞（Reggio di Calabria）。

雷焦卡拉布里亞位於卡拉布里亞南端，與西西里島隔海相望，它還有個外號叫「青銅之城」，源於收藏於此地的兩尊青銅文物。一九七二年，雷焦卡拉布里亞的一個市鎭——里亞切（Riace）的海岸發現了兩尊古希臘的大鬍子裸體戰士青銅像，其中一件高一點九九米，另一件高一點九八米，身材勻稱健美，充滿力量感，被命名爲里亞切戰士（Riace Warriors，或稱爲里亞切青銅像 Riace Bronzes）。經考古專家鑒定，它們的鑄造時間爲公元前五世紀，並推測是在運輸途中因海難而沉入海底的。在發現之初，由於雷焦卡拉布里亞的條件有限，故將這兩尊銅像運往佛羅倫斯進行清洗修復，花了五年的時間來維護，又在佛羅倫斯考古博物館舉辦了爲期六個月的展覽，之後才運回卡拉布里亞。

現在這兩尊里亞切青銅戰士像保存於雷焦卡拉布里亞國家考古博物館（Museo Archeologico Nazionale di Reggio Calabria），這是義大利南部最大的博物館之一，又名「大希臘國立博物館」，

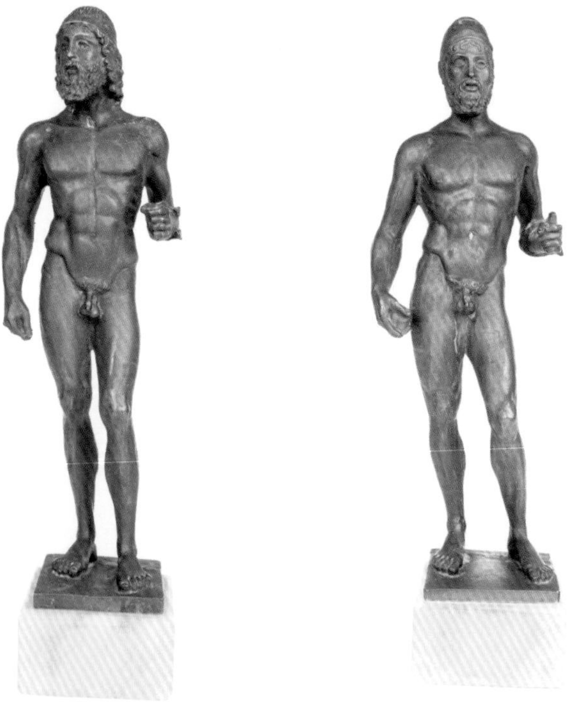

↓兩尊保存良好的青銅像

館內主要收藏大希臘（Magna Graecia/Great Greece，亦即公元前六到八世紀古希臘在海外建立的一系列殖民城邦）地區的史前古器物，其中青銅戰士像是該館的鎮館之寶。

這兩尊青銅像應是迄今已知保存狀態最完好的古希臘時代塑像，因為同時代的其他青銅像多已熔作其他用途。為了保護青銅像的狀態，展示空間的環境特別在溫、溼度等方面進行調節，遊客必須先通過有氣鎖、除塵功能的緩衝室，才能進入參觀，且會限制一次的參觀人數，同時青銅像放置於防震的大理石平台上，以防地震的發生。博物館內還播放了有關青銅像的影片，說明發現、修復的經過，以及製作方式等等。

雷焦卡拉布里亞本身有著悠久的歷史文化，曾經為大希臘殖民城邦的一個重要城市。其後被羅馬人征服，在公元前八九年成為一座羅馬自治城。再來更經歷摩爾王朝、拜占庭王朝、斯瓦比亞王朝（或譯為施瓦本）和波旁王朝等的統治，也因此留下多處考古遺址，包括古希臘的城牆、劇場、羅馬浴場、墓地和住宅的地基等等。不僅城市內遺蹟眾多，博物館內更有諸多珍貴藏品，再次感嘆南義大部分的博物館自十一月開始封館休息，讓我失諸交臂。

這座海港小城最大而最重要的宗教建築是聖母升天聖殿主教座堂（Basilica Cattedrale Metropolitana di Maria Santissima Assunta）。一九〇八年，

1 聖母升天聖殿主教座堂

2 城堡

西西里島曾經發生一場大地震，並引發恐怖海嘯，對西西里島與這座城市造成毀滅性的破壞，其中也包括這座教堂。如今的外觀是在大地震之後重新修建的，爲新羅馬式建築風格。小城還有一座可以追溯至公元六世紀，由拜占庭興建的城堡，後來被諾曼人及阿拉貢人加以擴建，這座防禦城堡在守護城市上做出過巨大貢獻，如今石頭構建的外牆保存還算完整。我持著記者證免費入內參觀，登上城堡最高層，視野開闊無礙，得以從不同的角度欣賞古城風貌，也忍不住頻頻按下相機快門，期能留住這片美景。

如果你認爲這兒單單只是一座古老城市，那就有失偏頗了。畢竟是大區的首府，雷焦卡拉布里亞是一座有著寬闊街道的現代都市，一條畢直的海濱大道上，無數新、舊高樓，包含巴洛克式、文藝復興式等林林種種的建築，儼如一條建築博物館長廊，引人入勝。

二〇一七年時，一位年輕的「幽靈建築師」Edoardo Tresoldi被《福布斯》（Forbes，臺灣譯爲《富比士》）雜誌評選爲三十位三十歲以下最具影響力的歐洲藝術家之一。這位才華橫溢的義大利藝術家在二〇二〇年創作了一個名爲「歌劇（Opera）」的永久性公共藝術裝置，就位於雷焦卡拉布里亞一個兩千五百平方米的濱海公園內，從這邊可以眺望墨西拿海峽對岸的西西里島。

Tresoldi 用金屬絲網編成四十六根高達八米的立柱，放置在濱海長廊的步道上，具有穿透性的作品與環境融爲一體，構建出一個奇幻的異想世界，古老的羅馬柱以現代藝術的方式加以復原，產生了時空的錯覺。穿行於金屬絲網間，一邊凝望海濱美景，一邊進行自我思考，是一種獨特的體驗。每當夜幕底垂，柱廊亮起燈光，不僅照亮了海濱大道，更讓這個藝術作品呈現另一番奇妙的意境。現在這兒已成了雷焦卡拉布里亞的新地標，我順著步道漫步，欣賞這位年輕藝術家的創作。

距離藝術裝置不遠處，有個 Porto Salvo 碼頭舊址，在一九〇八年的大地震和海嘯中遭到摧毀。如今原址上重新設計一座具現代感的古羅馬弧形劇場，連中央的傳音設計也仿造得唯妙唯肖，擁有一樣的傳音功效。我站在中央圓點大喊一聲，意外讓坐在劇場座位的市民嚇了一跳。舞台後方延伸向海的一端，豎立了一座雅典娜女神像，張開雙臂，像是保佑著這座災後重生的城市。

最後想分享給朋友們的是，我在雷焦卡拉布里亞嘗到了二〇二二年被評爲全義大利最佳的義式冰淇淋（Gelato）。這間冰淇淋店的店面很小，若然不小心，沒注意到店前的標誌，很可能就此錯過年度最佳冰淇淋！說到這裡，有一個小貼士（Tips，提示、建議的意思）送給大家：在義大利買冰淇淋最好不要說ice cream，因爲店員會告訴你他們賣的是Gelato，絕對不是ice cream。我想這應該算是義大利對自己特有冰淇淋的執著和驕傲吧！

我邊享用軟滑而美味可口的冰淇淋，邊沿著新城區內一條主要商業大道，悠閒地來一次window shopping。聖誕節將近，商業區各個店家紛紛進行店內外的布置，節慶的氣氛愈加濃厚。

1 海濱大道旁的熱那亞澤爾比別墅

2 濱海公園內的古羅馬弧形劇場及雅典娜女神像

海邊的石窟教堂：皮佐

皮佐（Pizzo Calabro）小鎮的市貌和特羅佩亞很相似，同樣座落在面海的懸崖上，也是衆神海岸諸多小鎮中的翹楚，風景迷人自不必說，這裡更完好地保存著中世紀漁村的樣貌。

其中最大的看點是皮耶迪格羅塔教堂（Chiesa di Piedigrotta），一座位於海灣邊的石窟教堂。關於這教堂有個小故事：傳說十七世紀有艘來自那不勒斯的船航行於海上，突然遇上一場暴風雨，眼看就要撞上皮佐灣岸的岩石峭壁。船長對聖母瑪利亞的信仰無比虔誠，在船上的聖母像前誠心祈禱能度過難關。故事的結局當然是正面的，最後他和船員們終於克服了暴風雨，安然無恙地抵達岸邊。他們把這個奇蹟看作是聖母顯靈，並把聖母像放置在岸邊一個海蝕岩洞內，且將洞穴挖掘成一座教堂。

經過一段時日，當地漁民覺得這個小教堂不太安全，於是把聖像搬到了另

↑石窟教堂

外一個更加穩妥的小海灣。孰料另一場風暴將聖母像沖走，更神奇的是，海浪竟然將祂沖回到原來的海灘。當地人認爲這是聖母的旨意，於是重新把聖像安放回石窟教堂。

兩百年過去了，皮佐小鎮的藝術家安吉洛・巴羅內（Angelo Barone）、兒子 Alfonso 和孫子 Giorgio 將洞穴繼續挖掘擴張，並利用剩下的岩塊進行雕刻，主題爲聖人和聖經中的神蹟故事。家族三代人歷經六十年終於完成了我們今天眼前這般規模的教堂，格外華美又神祕，而教堂內幾十座雕像的雕工細膩，栩栩如生。

教堂的入口就在海岸邊，來自海上的風雨經年累月地不斷侵蝕著海岸的岩石，卻絲毫無損洞內的教堂。聖母一直保佑出海的旅人和漁民，就像華人所信奉的天上聖母媽祖一樣，年復一年地護佑出海的漁民平安歸來。無論是否爲信徒，或只是偶然經過的旅客，想必都會欣賞這個獨特的洞窟教堂，欣賞三代雕刻家精心雕刻的藝術品。十一月開始，教堂大門上了鎖，我只能隔著鐵窗觀賞神像和別有洞天的教堂，對藝術家的執著不懈表示深深敬意。

皮佐海灘的最大特點就是寬而廣，從高空往下望，是一個巨大的彎月狀，奔湧的海浪吸引衝浪健兒大顯身手。海灘旁除了民居外，還有度假酒店，來這裡的幾乎都是歐洲遊客，不用說中國人，即使是亞洲人都甚少見到。

這個以石窟教堂聞名的小鎮，美麗古樸，一條條蜿蜒狹窄如迷宮的小巷，古老而精緻的建築，當地人悠然自得的生活，令長期生活在繁華鬧市的我感慨良多，眞想跟他們一樣慢下心來，享受一下短暫的無憂慢生活，趁機沉殿自己浮躁的心靈。

小鎮的最高處有座防禦性建築，俯瞰小鎮和海灣，是建於中世紀，外觀古樸厚重的繆拉城堡（Castello di Gioacchino Murat），以驍勇善戰的法蘭西第一帝國軍事家、那不勒斯國王，同時也是拿破崙妹夫的若阿尙·繆拉（Gioacchino Murat/Joachim Murat）命名。因爲一八一五年，繆

1 繆拉城堡

2 皮佐海灘

3 繆拉雕像

拉就是在皮佐被擒獲，並關押在城堡裡度過生命最後的一段時間，然後遭到處決。今天城堡已成爲博物館，可以看到繆拉的物品、相關文件和牢房等等。朋友們可知道，這裡也因此成了義大利一個著名的鬼屋。城堡在夏季整個八月開放到半夜十二點，歡迎具有冒險精神的朋友在月黑風高的夜晚來到這兒，感受魅影重重的恐怖經驗。

在欣賞美景的過程中，也別忘了口腹之欲。先前提到我在雷焦卡拉布里亞嘗到了全義大利最佳的冰淇淋，事實上皮佐也有一款有名的冰淇淋甜品。這裡的冰淇淋是以小鎮名字來命名，叫做皮佐松露冰淇淋（Tartufo di Pizzo），別看名字裡帶有「松露」字樣，其實跟松露菌沒有任何關係，而是巧克力和榛果口味的義式冰淇淋球裡頭含有巧克力或果醬夾心，外面則撒上可可粉和白糖，整個甜點多爲球形或半球形，非常值得一試。要知道這可是義大利的經典甜品，名氣相當大呢！以特色甜點作爲小鎮旅遊的結尾，非常完美。

靴尖上的古老小鎮：傑拉切

卡拉布里亞大區擁有許多鮮爲人知，卻又妙不可言的小城鎮，既保存了古蹟、古鎮的原貌，也沒有破壞優美的自然風景。幾乎每個小市鎮既擁有悠久的歷史，又有著獨一無二的故事，很值得旅遊探索。

傑拉切（Gerace）同樣是靴尖上的古老小鎮，座落於一個小山上。小山上可以見到一些六千多萬年的海洋化石，是經過地殼運動後滄海變桑田的結果。追溯這裡的歷史，考古發現它自新石器時代就已有人類居住，之後一度成爲羅馬人的軍事重地；拜占庭帝國在六世紀重新奪回義大利領土後，這裡成爲該區域的行政、軍事和宗教中心。

小鎮留有一座古城堡遺址——諾曼城堡（Norman Castle），位於該鎮最高點的山崖上，可想而之，過去是一處居高臨下的防禦城堡。它的建造時間不詳，估計很可能是由拜占庭人所建。十一世紀諾曼人入侵後，將城堡加以強化。

歷經幾個世紀的修繕、重建，又遭受戰亂和天災，城堡承受不住時間的消磨，頹垣破壁間，樹根盤據、雜草叢生，連接城堡的懸空吊橋亦已斷裂，徒留破落的城堡孤零零矗立在懸崖頂，與空中白雲爲伴，正是「白雲千載空悠悠」的寫照。我喜歡觀賞遺蹟，因爲這些建築物是最眞實的歷史見證。「是非成敗轉頭空，青山依舊在，幾度夕陽紅。」睹遺蹟，引起無限唏噓。

在義大利旅遊，見得最多的建築莫過於教堂了。可別因爲傑拉切面積不大就小看它，這個小鎮的教堂數量一度有一百二十八座之多，又有「神聖之城」（Holy City）的稱號。在衆教堂中，最有名氣的是一座建於十三世紀的聖法蘭西斯教堂（Chiesa di San Francesco d'Assisi，或譯爲聖方濟教堂），同樣歷經多次擴建修繕。教堂內部的裝飾莊嚴典雅，一座巴洛克式祭壇尤爲漂亮，也是其中最珍貴的。

另一處值得參觀的就是傑拉切主教座堂，或稱聖母升天大教堂，建於諾曼時期，外觀看起來有點像城堡。進入教堂後，頓然覺得內部十分寬敞且雄偉壯觀，兩排花崗岩和大理石柱子將中殿區隔爲三個部分。我這次憑著記者證得到教堂管理人的特別禮遇接待，破例開啟珍藏館和地下室讓我入內參觀，並加以

詳盡介紹，感受到對方熱忱的接待。地下室有兩排總共二十六根石柱，這些石柱來自於小鎮附近的古廟，顏色樣式各有不同，可以追溯到三、四世紀。另外還有銀製的神像、聖杯等珍貴收藏。

1 諾曼城堡矗立在懸崖頂

2 聖法蘭西斯教堂帶有阿拉伯和諾曼風格的哥特式大門

據說大教堂曾經作爲監獄在十九世紀關押過「傑拉切五烈士」（Five Martyrs of Gerace），由於他們的故事沒有詳細記載，我也並未追根究柢，僅知道這五人大抵與義大利統一運動（Risorgimento，或譯爲復興運動）有關。

1 教堂內的掛毯展示

2 像城堡的傑拉切主教座堂

3 主教座堂內部

時光荏苒，毫無例外，大教堂同樣遭受過自然災害，也經歷多次重建，風格隨著時代的演變而作出變動和翻新。不變的是，它依舊屹立在古鎮的中心區，如常地響起悠揚鐘聲。

傑拉切人口不到三千人，在這個樸實無華的古鎮上，仍然保留著中世紀的氛圍。小鎮的中心區域也是個很有吸引力的地方，不論橫街窄巷，所見之處都是逾百年或數百年的民房建築，雖然小鎮經歷過一次又一次的外部入侵，發生過多起戰事廝殺，令人慶幸的是，過往的建築藝術並未被完全抹滅掉，從逾千年的希臘、羅馬、拜占庭等多元建築文化，到較現代風格的建築，古今共融，被認爲是義大利最美麗的村莊之一，並非浪得虛名。

這趟來到古鎮，我遇到的教堂還比見到的居民多，一是這裡地處偏遠，再者又非旅遊熱點，如果不是臺灣亨強旅行社的陳總事先爲我準備詳細的資料，估計我也會錯失一探古鎮的機會。

1 俯瞰傑拉切

2 太陽之門

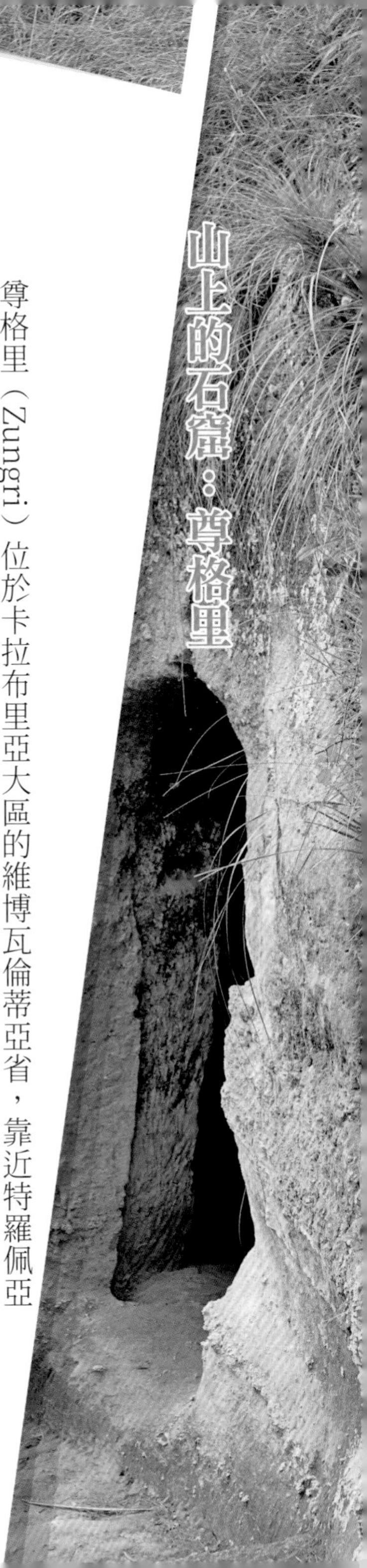

山上的石窟：尊格里

尊格里（Zungri）位於卡拉布里亞大區的維博瓦倫蒂亞省，靠近特羅佩亞和梵蒂岡角，是一個遺世獨立的山頂村莊，人口約兩千人。

在村子的東南方，砂岩懸崖上被開鑿出數百個洞穴，大小不一、形狀各異，總面積達三千多平方米。這些洞穴如今早已棄置無人居住，來源也還不明確，但一般認爲是十二到十四世紀間，來自異鄉的修士們爲了避開戰禍以及宗教迫害，背井離鄉，來到這個窮山僻壤，挖掘洞穴作爲隱居藏身之所。這裡氣候宜人，適合開墾耕種。目前已知洞穴的用途包括居所、修道院、糧倉，以及圈養牲畜的地方等等，甚至使用原始工具開掘蓄水的坑洞，古人的智慧眞讓人佩服。不過現在僅有四十多個洞穴開放參觀，許多洞穴至今仍然被橫生的雜草、樹木和石塊所掩蓋，尚未進行整理開發。

這些洞穴之間有鑿好的石徑連接，我沿著石階上上下下，進入一間接著一間的洞穴屋。有些單元只有一個房間，有些則有兩個房間相連，甚至還有雙層的洞穴，裡面的空間比想像中還要寬敞。我在裡面停留了好一會兒，有種時光倒流之感，彷彿中世紀的修士們就在我面前過著刻苦的生活；一轉眼回到當下，只有我一個異鄉客孤獨地站在這個寂靜、廢棄的村莊裡。

在洞穴群的入口處，還有一個小型的岩石與農民文明博物館，陳列當地十九、二十世紀的傳統文化物品，包括農務工具、家常用品、衣服鞋履，以及樂器等等，除了具有歷史價值，也讓我更加認識南義大利人過去的生活方式。

1 2

1 岩石與農民文明博物館

2 山上的洞穴

巴里及周邊地區

「鞋跟」的旅程：普利亞大區

有人說義大利南部與北部仿如兩個不同的天地，無論是人文風情，或是地理環境，都有著「南轅北轍」的感覺。這裡歷史悠久，自公元前已陸續有古義大利人、希臘人聚居於此，後被羅馬人占領和統治。羅馬帝國覆亡後，又先後被東哥特人、倫巴第人和拜占庭帝國統治過，所以在這裡保存不少各王朝、各民族的古文化、遺址等，並出現這樣的說法：「地中海中心的古老土地」（An ancient land in the heart of the Mediterranean）。

從地圖看來，普利亞大區（Puglia）就像鞋跟的位置，上端的加爾尼諾半島（Gargano Peninsula）則成了鞋跟上的「馬刺」。普利亞大區上方是阿布魯佐大區（Abruzzo）和莫利塞大區（Molise），這幾個大區當中，以普利亞大區最爲繁榮，在義大利南部的經濟地位僅排在那不勒斯之後。當地大部分爲非常平坦的田園地形，僅有少數和緩的山丘，盛產橄欖油和葡萄酒。主要城

↑巴里海濱區

市除巴里（Bari）外，還有萊切（Lecce）和布林迪西（Brindisi）等歷史古城，都包含在我此次「鞋跟」行的行程內，可說是既緊密又充實，不僅可以沿著蔚藍的亞得里亞海岸，探訪一座接著一座魅力無窮的小城鎮，風光旖旎，更離不開地中海美食。不過，參觀的古城小鎮數目之多，讓我在行程結束準備著手撰寫遊記時，光是整理照片，就因爲太多的資料而感到昏頭轉向、手忙腳亂。

無論如何，義大利「鞋跟」的精彩好玩，值得向各位朋友推介！

鞋跟上的交通樞紐：巴里

我們今天首訪普利亞大區的首府巴里（Bari），它位於亞得里亞海岸線上，位置得天獨厚，是南義和希臘、克羅地亞（克羅埃西亞）、阿爾巴尼亞幾個國家之間的重要往來海港，同時也是義大利東南區的交通樞紐。古城的歷史相當久遠，可追溯到古希臘和羅馬時代，甚至更早之前就已成爲聚居點。歷史上曾經被羅馬、拜占庭、阿拉伯人、諾曼人和西班牙人等統治過，尤其中世紀時，巴里所在的地區更是頻頻遭戰火荼毒。在文藝復興時期，巴里成爲那不勒斯王國的一部分，直至十九世紀時正式併入義大利王國。

現在的巴里有四通八達的鐵路網，可以通往南義很多地方，例如前往阿爾貝羅貝洛蘑菇村、蒙特堡和馬泰拉，都會路經此地，因而旅客們多半把這裡當做旅途的中轉站，較少花時間在此停留。

巴里以一條埃馬努埃萊二世大道（Corso Vittorio Emanuele II）分隔老

城區和新城區兩部分，老城保留的主要是十四至十六世紀的風貌，新城區部分則是從十九世紀由拿破崙的妹夫若阿尚·繆拉發展起來，當時他是法國占領下的那不勒斯國王，決定在老城南邊建立新城。

1 巴里老城區

2 斯瓦比亞城堡

巴里的老城區雖古老卻不顯破舊，窄小的石板巷道彎彎繞繞，有如迷宮一樣，不規則之餘卻極富生活氣息，且色彩豐富，居民在窗前、門前栽種花草植物，這兒同時是麵包店、義大利麵條等手工作坊的集中地，許多當地的明信片都取材自老城區的小巷弄。

老城邊上有一座很有名氣的城堡，叫做斯瓦比亞城堡（Castello Normanno-Svevo），由諾曼時期的魯傑羅二世於一一三一年始建於一座羅馬堡壘的廢墟上，遭損毀後於十三世紀重建。我從城牆下仰視，城堡的城牆厚實，乍看過去，在視覺上相當具有震懾力，氣派十足。周圍的護城河早已枯竭，成爲一片綠地，也種植不少熱帶植物。我走過一座石橋，進入城堡。除了建築本身，幾乎沒看到什麼裝飾。內部有個庭院，城堡的下方則可以看到一些拜占庭時期建築的遺蹟。城堡現在是舉辦各種藝術展覽的主要場地，至於大廳則陳列很多石膏塑像，並售賣紀念品。城堡對面的平房樓下多爲餐廳、咖啡館等，好讓旅客們邊享受咖啡，邊欣賞對面的古堡。

老城中心還有一座聖尼古拉大教堂（Basilica di San Nicola），是巴里的象徵，也被譽爲「老城區的心臟」。它是整個普利亞大區的第一座諾曼教堂，

↑巴里大教堂

有高聳的尖塔和平實的外觀，特色是教堂入口、門柱和拱門具有阿拉伯、拜占庭和古典主義風格的雕刻。義大利的教堂實在太多了，這座教堂在外觀上並不顯眼，不過我注意到它同時是天主教和東正教都認可的禮拜場所，這在義大利並不多見。大教堂建造於一○八七年，供奉的是巴里的守護神聖尼古拉，祂也是傳說中聖誕老人的原型。教堂地下室收藏著這位聖人的遺骨，傳說是巴里的水手在一○八七年從土耳其偷運過來，而這座教堂也是爲了這個目的而建，至今仍是重要的朝聖地之一。

1 新城區的百貨公司

2 聖尼古拉教堂

3 巴里皮特魯切利劇院

附近還有一座巴里大教堂(Cattedrale di Bari),又叫聖撒比諾主教座堂,如今的建築建於十二到十三世紀,是在原有拜占庭教堂的基礎上建造的,並保留了古羅馬式設計和東方風格的砲塔。教堂立面有個巨大的玫瑰花窗,耀眼的陽光透過牆面上的玫瑰花窗射入教堂內部,顯得絢麗奪目。

我充滿閒情逸致地在巴里老城區花了不少時間散步,接著橫過埃馬努埃萊二世大道,來到新城區。這邊廂卻是另一番景象,十足現代化城市風貌,龐大的建築物看起來豪華氣派。新城區乾淨而整齊,街區如棋盤四四方方十分規整,繁華的購物區內商店林立,行人如鯽,非常熱鬧。

我在二〇二二年十月和十二月兩度來到巴里,事前聽說在義大利南部城市中,它與那不勒斯一樣名聲不佳,治安不太好。然而經過了兩次到訪,卻完全顛覆這些負面傳言。總體來說,老城區比較安靜祥和,而新城區完全就是一個熱鬧大城市。

其實巴里最美之處在於它長長的海岸線,閒坐濱海長堤上乘涼,放眼望去是無邊的亞得里亞海,白天海風習習,美得純粹自然;夜晚華燈初上,濱海風情盡在眼底。這時不妨到附近的魚市場來一盤義式刺身,一邊喝啤酒,一邊迎著海風,不失是一個休閒好去處。

浪漫洞窟餐廳：濱海波利尼亞諾

我並未在巴里多做停留，下一個行程來到鮮爲一般旅客熟知，卻有著獨到之處的海濱懸崖小鎮——Polignano a Mare，在義大利語中，mare 是海濱的意思，所以它的中文譯名爲「濱海波利尼亞諾」。它是普利亞大區巴里省一個只有六十多平方公里的小鎮，人口不到兩萬。懸崖峭壁之上，只見一棟棟白色房屋拔地而起，像一顆鑲嵌在亞得里亞海的璀璨明珠。

這座濱海小鎮令人神往，我慕名已久，它經常出現在 youtube、instagram 等社交媒體上，是旅遊人士熱衷打卡的地方，特別是一家位於海灣懸崖上的格羅塔帕拉奇賽酒店（Hotel Grotta Palazzese），更是赫赫有名，多次登上知名的旅遊雜誌。出於疫情的因素，這段時間訂房自然變得很容易，與以往大相逕庭。因此，我在這間酒店總共下榻了三個晚上。酒店本身並不大，房間也不多，然而除了提供優質的管家服務外，每個房間都有海闊天空的無敵景觀，加上環境十分清靜，在同業中的評級相當高。

↑洞穴餐廳酒店

此外，它最「殺食」（粵語：有賣點）之處是擁有一家獨一無二的洞穴餐廳，中文譯名是「石窟宮殿」。餐廳設在一個天然的拱形石灰岩洞內，早在十八世紀時便已經是貴族舉辦宴會的場地。它的三面被天然岩壁包圍，唯一敞開的「窗口」正面對美麗的亞得里亞海，環境極其特別，景致無出其右，美不勝收，難怪會被譽爲「世界上最浪漫的餐廳」。

我在這間酒店下榻期間，每天都不放過在「洞內」享用早餐和晚餐的機會。早餐時可看到紅日升起，金色朝霞普照海面，美景如畫；晚餐時，海上漆黑一片，洞內燈光點點，每張桌上更是燭光搖曳，強烈的反差，更是分外浪漫。我和旅伴 Kelvin 靜候義式海鮮菜餚上桌時，浪濤陣陣拍打崖邊，沖進洞內，奏起一曲曲氣勢磅礴的命運交響樂，大自然的樂章讓人沉醉，眼前更是盡情飽覽「驚濤拍岸，捲起千堆雪」。此時此刻，面前的美酒佳餚，似乎已成了「閒角」（路人、小角色），變得一點也不重要。值得注意的是，此餐廳並非全年都對外開放，並且採取分時段預約，如果沒有提前預定的話，往往是座無虛設，一席難求。很多人是專程來此，只求感受大自然與人文交融的迷人魅力。

至於酒店部分，對訂房的要求十分嚴苛，倘若訂房確認後並未在指定的期

↑ 洞穴餐廳

限前取消，則需要支付房間的全額費用。所以要事前安排妥當，千萬別臨時變更，以免錯過這個好地方，荷包也大失血！

1 小鎮街景

2 聖母升天教堂與鐘樓

3 老橋

與義大利大多數小鎮一樣，這裡同樣有新、老城區之分。老城區保存中世紀建築的風貌，聖母升天教堂（Chiesa Matrice di Santa Maria Assunta）是小鎮的主教座堂，旁邊有座高聳的塔樓，爲小鎮的重要地標。老城區幾乎都爲白色和由淺到深的米黃色建築，柔和的色調讓小鎮顯得格外溫柔而寧靜。街角巷弄擺上鮮花綠植，家家戶戶門窗上的裝飾與搭配，以及餐廳和商店的雅緻布置，洋溢著浪漫又溫馨的氛圍。無論是本地或來自其他地方的旅客，個個神態悠閒地坐在路邊喝著咖啡，一邊聊天，一邊望著過路的行人。怡然自得是這裡的生活方式，我作爲一個旅人，自然入境隨俗，自覺地配合周遭的氛圍，融入這種慢生活。

奧地利的紅牛飲料（Red Bull Energy Drink）自二〇〇九年開始，每年都會在世界各地舉辦懸崖跳水世界系列賽，二〇二三年賽季的第三站正是在這座小鎮，吸引了四萬名觀眾，事實上，這已經是賽事第十次來到這兒舉辦了。參賽者在風景如畫的比賽場地做出各種翻轉與花式動作，感受極限運動帶來的刺激。大家若打算前來小鎮，可以多注意活動舉辦日期，或許有機會湊個熱鬧，感受活力動感的刺激賽事。

↑ Lama Monachile 石灘

我還前往老城的另一邊，跨過一座老橋 Ponte di Polignano，下面有個並不顯眼的 Lama Monachile 石灘，彷彿鑲嵌在兩面峭壁之間，迎著亞得里亞海，景致非常特別。這裡只有大大小小的石塊，並沒有沙子，卻並未難倒愛曬日光浴的旅客，每到夏季時分，照舊躺平在石灘上，享受熱暖的陽光和清澈的海水。我並未走下石灘，僅站在高處的橋上遠觀，感受一股沁入心脾的涼意。

邂逅天堂小鎮：阿爾貝羅貝洛

在天朗氣清的仲秋時節，我來到距離巴里約五十公里之遙，一個獨特的「天堂小鎮」。小鎮名字很長，不容易記和唸，它叫做阿爾貝羅貝洛（Alberobello），義大利語的意思是「美麗的樹」，所以又被稱爲「麗樹鎮」。小鎮規模不大，且只有一萬多人口，卻聞名於歐美，近年名聲輾轉傳到亞洲，開始吸引東方的旅客遠道而來。到底這個據說如童話般的小鎮有什麼樣的吸引力，讓各地旅客如此心儀呢？事不宜遲，趕緊來探個究竟！

近十年來，我遊過無數歐洲大城小鎮，雖然稱不上「閱盡千帆」，自問也見識不少，各個地方當然擁有不同的特質和特色，然而當我踏入小鎮的範圍，一幢幢獨特可愛的圓錐形小石屋映入眼簾，「藍天白牆灰屋頂」令我印象無比深刻，頓時能夠理解爲何這兒會被旅遊人士公認爲「旅行中不能錯過的白色豔遇」。小鎮也憑著這些特別的小石屋，在一九九六年被列入世界文化遺產名錄內，並使阿爾貝羅貝洛贏得另一個別稱——「蘑菇村」。

這些小石屋有個專屬名稱，叫做「特魯洛」（trullo，複數型是「特魯利」trulli），意即「圓頂房屋」。居民就地取材建造小屋，採用當地的石灰岩砌牆，外面再刷上白色生石灰；最特別的是屋頂部分，共有兩層，內層以石灰岩堆疊，頂部覆蓋拱頂石，外層用石灰岩板疊上去，成爲圓錐或金字塔的形狀，石板在疊砌時略有傾斜，具有疏導雨水的功能，讓雨水順勢往外流，或順著排水槽流至儲水區。過去建築採用的是已有數千年歷史的乾砌石牆工法，也就是不採用砂漿、水泥來黏合，不過現在的建築已大幅改善，會使用這些黏著劑，

1 蘑菇屋內部

2 蘑菇屋聚落

更爲堅固且防滲漏雨水。我好奇地詢問一位居民，住在這般的小屋，會舒服嗎？根據她的回應，小屋門窗很小，牆壁又很厚實，夏天可隔熱，冬天又可禦寒。而且屋內沒有梁柱，有些特魯洛還會用木板隔成兩層樓，閣樓可作儲物室或其他用途，空間相當充裕。

這裡爲何會有如此造型可愛的房屋呢？陪同的導遊對我說明：原來這兒過去是荒蕪之地，只有原始的橡樹林，自然環境不宜人居。當地的歷史可追溯至十二世紀，當時石屋是農民用來儲存物料和農具，及作爲飼養牲畜的地方，不過早期石屋沒有外牆，是直接將圓錐屋頂蓋在地上。至於何時變成人居住的地方，已無從考究了。到了十六世紀，那時的領主允許四十個農民家庭在此定居；十七世紀則是當地眞正開始擴張的階段，領主爲了鼓勵農民來到這裡墾荒，讓農民享有優惠，這樣一來吸引了大量來自周邊城鎮的農民湧至，但也招致其他城鎮領主的投訴，中央官員派稅務官查究，於是當時的領主吉安吉羅拉莫二世（Giangirolamo II）通知農民將石頭疊砌起來的小屋推倒，裝成無人居住的荒地。

另一種說法是：這種用石頭堆起的設計跟當時領主的橫徵暴斂有關，不過那時的法律規定，假如房屋沒有屋頂就等於尚未建好，也表示無人居住，便可以不必繳稅。至於具體怎麼操作，傳說每個蘑菇屋都有一塊至關重要的石頭，是整個房子的機關，只要一拉動這塊「機關石」，特魯洛的屋頂就順勢坍塌，變成了一堆碎石，屋不成屋，自然無法收稅。關於這個傳說的眞假無人得知，我嘗試隨意碰觸了幾塊，沒試出任何反應，不過現在的建築不再需要隨時推倒，且已使用砂漿固結，想必已經失去這種功能了吧！

我忽然想起先前在南美洲的玻利維亞也見到許多房屋並未封頂，上方外露一根根鋼筋，表示該房屋仍未完成，目的同樣是爲了逃避高昂的稅收。兩地相

↑從觀景台看蘑菇屋

距萬里，不同時代，居民竟都採用相同的避稅方法，眞是無巧不成書。

這天陽光耀眼，藍天白牆，搭上溫和舒適的地中海氣候，實在讓人心情舒暢，「天堂小鎮」名不虛傳，讓我忘卻疫情帶來的煩惱焦慮。阿爾貝羅貝洛小鎮只有一條Largo Martellotta爲主幹道，將小鎮分爲兩半，一半是蒙蒂區（Rione Monti），屬於老城區，保留著逾千座「蘑菇屋」，隨著地勢錯落有致地分布其中，是「蘑菇屋」最集中的地方，也是主要的旅遊區，雲集了商店和餐廳，

↑蘑菇屋頂上繪有太陽、月亮、十字架等圖案

行在其間，可以看到旅人在露天的酒吧餐廳休息避暑。我留意到不少小屋的屋頂上繪有太陽、月亮、十字架、「一箭穿心」等不同的符號和圖案，估計一是爲了裝飾，二是有趨吉避凶之意。

我按導遊的介紹，登上一處有官方推薦的三樓陽台觀景台，環顧小鎮全貌。一個個圓錐形石屋頂看似小精靈們的帽子，讓我彷彿闖進了童話世界一樣，更不禁心生一個念頭，下次有機會該帶小孫子一同前來，想必他也會喜愛如此夢幻而可愛的場景。

從觀景台下來後，我順道參觀

幹道另一邊的新城艾亞比可拉區（Rione Aia Piccola），這區擁有四百多座道地的特魯洛，並非熱門旅遊區，保存著較原始的風貌，房屋磚牆並沒有統一刷上白色，另外也建有較現代化的房屋。這裡主要爲居民的生活區，大部分不願意開放屋子給外人參觀，免遭旅客們的滋擾。我有幸被邀請進入一間開著門的小屋參觀，驚訝地發現這樣的斗室內完全沒有梁柱，屋頂又高，顯得格外寬敞。因爲牆壁是白色，在陽光照射下，即使並未點燈，室內依然明亮。

小鎮的高處是一座新古典主義的聖梅迪奇教堂（Basilica Santi Medici Cosma e Damiano），擁有一對鐘塔，是此鎮最大的教堂，尤其在周圍一圈低矮的蘑菇屋襯托下，更像鶴立雞群。該教堂始建於一六〇九年，不過目前優雅莊嚴的新古典主義風格是在一八八五年進行擴張與改建。該教堂供奉三世紀時的雙胞胎聖人 Cosma 和 Damiano，他倆在敍利亞地區一帶爲當地居民義務行醫，深得民心，最後殉道而死。但可惜教堂因疫情並未開放，唯有欣賞一下外觀便罷。另一座建於一九二七年的聖安東尼奧教堂（Church of Saint Anthony of Padua），一樣的特魯洛造型，白牆灰圓頂，樸實大方，完美地與小鎮融爲一體。

失望的是，鎮內有一所關於特魯洛的博物館 Museo del Territorio 讓我吃了閉門羹，由於疫情因素無法參觀，否則裡面不但講述了阿爾貝羅貝洛的歷史，也展示特魯洛的建築結構和內部格局，以及當地居民的日常生活等。

我見不少「蘑菇村」的村民喜愛坐在屋外，享受著和煦的陽光，悠然自樂。如此天堂般的生活，羨煞旁人。聽他們說如果沒有這一波疫情，每逢假日這裡總是遊人如潮，忙得不可開交。

1 聖梅迪奇教堂

2 聖安東尼奧教堂

遺世白城：奧斯圖尼

奧斯圖尼（Ostuni）小鎮以白色建築見稱，所以有「白城」之美稱。一般的旅遊雜誌中不容易找到小鎮的資料，如今得益於網絡的普及，驢友們放上網絡的資訊和照片，將小鎮展現在世人眼前，遂成爲網紅旅遊的一個打卡點。

這座自石器時代就有人類居住的小鎮座落在小山上，經歷過羅馬和迦太基兩大地中海霸主之間的「布匿戰爭」（Punic Wars），遭到了無情的摧毀，後來由希臘殖民者進行重建，可說是歷盡滄桑。關於奧斯圖尼這個名字，有人認爲來自於希臘語 Astu néon，也就是「新城」的意思。希臘人將傳統地中海式的白色建築帶到這裡，把小鎮打造的如同愛琴海聖托里尼島的純潔白色小鎮。不過我在旅途中聽說了另一個有關小鎮房屋刷上白色的傳聞：十四世紀中葉是歐洲最悲慘的黑暗時期，一場大瘟疫席捲整個歐洲，「黑死病」鼠疫奪走數千萬人的性命，占當時歐洲總人口的三分之一，奧斯圖尼小鎮亦不能倖免於難。

待到疫情結束，當地居民將鎮上的房屋外牆通通粉刷成白色，或者使用白色的石灰岩砌建房屋，認爲這樣會改善衛生條件，同時以「白色」來剋制病菌的襲擊。

由於鎮內的街巷非常狹窄，容不下我們的四驅車，只能選擇徒步或乘坐「嘟嘟車」進入。在熾熱的太陽下，還得沿著坡路向上走，未免感到有些吃力，於是我們選擇坐上嘟嘟車。嘟嘟車是一種可以載客的三輪摩托車，我們的司機非常專業，熱情地介紹景點和人文歷史，讓我們遊覽時除了節省體力外，更獲得不少當地的知識。

我們這輛小車風馳電掣穿梭於狹

1 嘟嘟車

2 白城一隅

3 遠觀奧斯圖尼

窄的白色街巷中，眼前的階梯、拱廊、塔樓和石碑等無不漆上白色，在陽光照射下，潔白到有點刺目，讓我的眼睛險些無法睜開。若將它形容爲亞得里亞海岸的白色珍珠，相信不會有人反對。

我來的時候正是夏末秋初，依舊屬於旅遊旺季，最熱鬧的地方是在最高點的廣場，這裡滿布餐館、咖啡館、酒吧，還有各種工藝藝術作坊等等，富有文化氣息。我們在廣場上稍作停留，參觀一座古老的哥特式大教堂，其中我最欣賞的是顏色繽紛的玫瑰花窗。兩側還有主教宮和神學院，兩者之間以一個拱型涼廊相連接。

1 奧斯圖尼市政廳

2 主教堂內部

3 主教座堂和我所搭乘的嘟嘟車

距離不遠的另一座自由廣場上，有根紀念聖人奧倫佐的紀念碑（Colonna di Sant'Oronzo）豎立在中央，是旅客們熱衷打卡的據點。廣場周邊是蜘蛛網般的曲折狹窄小路，向外伸延開來，充滿了生活的煙火氣。居民愛在白色的牆壁上、窗前和石階梯旁，隨處一個不起眼的小角落點綴上綠葉紅花的盆栽，或是不知名的綠植，瀰漫恬靜的人文氣息。這裡的房屋外牆多為白色，門窗卻會搭配不同顏色，甚至極為鮮豔，在白牆襯托下，顯得別緻又自然。擦身而過的當地居民看起來則是一副慢條斯理的生活方式。我多次走下嘟嘟車，慢慢步行於石階巷弄中，享受如此富有情趣的白色環境。

1 傳說樹齡逾千年的橄欖樹

2 老城一隅

3 聖奧倫佐紀念柱

這座遺世小鎮只有約兩百二十三平方公里、三萬多居民。儘管小鎮規模不大，仍有一家博物館，供大家參觀了解當地的文物和歷史。

從山頂老區回到圍住白城的古老城牆，我發現城門入口依舊保存得相當完好，這又不免令我感嘆，爲什麼義大利的古建築總能夠展現悠久歷史，卻依然活力無限？其中原因，很值得我們深思和學習！

我在這座可愛的白城度過了一個上午，臨離開前，司機領我們來到一個觀景台。這兒算是觀看全城最有利的位置，我們再次遠眺遺世靜謐的小鎮，將這般美景深深印入腦海。離開白城的路上，大伙順路見識到了周遭偌大的橄欖樹

林，即使開了至少半個小時的車程，眼前仍然離不開綠意盎然的橄欖樹林，據悉奧斯圖尼是義大利種植橄欖樹最多和盛產優質橄欖油的地區。

我們接著來到一座歷史悠久的橄欖園，其中有棵橄欖樹已逾千年之齡，高逾五米，非常粗壯，我和 Kelvin 用力展開雙臂，也無法將樹幹合抱起來。我還見到有些老橄欖樹看似枯萎，卻又枯木逢春，在枯枝上延續起生命。這一帶的樹木長得奇形怪狀，如果夜間行走其間，眞會有魅影重重、毛骨悚然的感覺。

這兒也販售橄欖油，朋友們如果來此，別忘了試嘗味道，如果喜歡的話，還可以購買作爲伴手禮，價錢相較其他地方，更爲便宜。

羅馬古道的終點城市：布林迪西

每當我們提到羅馬時，總愛把「條條大路通羅馬」這句話掛在嘴邊，古羅馬人爲了加強帝國的統治，建設起便捷的路網，不僅更方便控制各個行省，也促進了文化和貿易上的交流。其中亞壁古道（Via Appia，或譯做阿庇亞古道）可說是歷史最悠久的大道，原爲一條連接羅馬城和卡普阿城（Capua）的軍事要道，最初長兩百一十二公里，後來又加以延伸，多了三百七十公里，一直通達亞得里亞海邊的港口城市布林迪西（Brindisi）。

大家可能對這條古道感到有點陌生，古羅馬詩人斯塔提烏斯（Statius）稱它爲 regina viarum，意思爲「女王之路」。這條路上曾經發生一個可怕的事件：古羅馬共和國的後期出現過三次奴隸起義，其中第三次的斯巴達克斯起義（又稱爲第三次奴隸戰爭）是規模最大、最爲波瀾壯闊的一場，參與起義的奴隸至少有十二萬人之多。爲首的領袖斯巴達克斯在最終決戰中壯烈犧牲，而這

↑布林迪西岸邊步道

場起義最後也沒有成功，被殘酷地鎮壓下來。其中有六千名奴隸遭到羅馬將軍及政治家克拉蘇俘虜後，在這條古道上被集體釘於十字架上處死。

當我離開「白城」奧斯圖尼，經過了橄欖園林，車程約一個小時後，來到了布林迪西，也就是古道的終點。布林迪西自古是與中東和希臘的商貿港口，目前居民九萬多人，面積約三百多平方公里。根據歷史記載，古城最早是希臘人的殖民地，後來歷經羅馬人、拜占庭人、倫巴第人和諾曼人統治。優越的地理環境使它成爲義大利重要港口之

一，而近代的二戰時，在一九四三年至一九四四年間更曾短暫成爲義大利的臨時首都，可見其位置的重要性。

我和旅伴 Kelvin 來到這座看盡歲月變遷的古城，儘管經歷過無數的戰火，依然保存不少中古世紀的遺蹟，向旅客訴說著千年間的凡塵俗事。

位於大教堂廣場的布林迪西聖若翰洗者聖殿主教座堂（Pontificia Basilica Cattedrale di Brindisi）是該城最重要的教堂，建於十一至十二世紀間，歷來是舉辦大型宗教活動的場所，亦曾舉行過國王的加冕禮和皇室貴族的婚禮。十八世紀曾遭地震損毀，後來重建及擴建，還加蓋了鐘樓。

1 主教座堂旁的神學院

2 聖若翰雕像

3 主教堂

教堂內如今保留了十二世紀馬賽克地板的部分殘存碎片和漂亮的壁畫，至於大門前豎立的柱子頂端是聖若翰的雕像。

來到義大利，儘管沒有宗教信仰，每到一處也不免入鄉隨俗，「入廟拜神」。到當地有代表性的教堂參觀一番，欣賞各種不同的建築風格和精緻美觀的裝飾，不失爲旅遊的樂趣之一。

老城有不少具有特色的建築，古舊的房屋多建有凸出於主體建築的陽台和窗台，下方承托的石製「支架」雕刻著精美的塑像或花紋圖案，件件宛如藝術品，當時的工匠手藝令人讚口不絕。

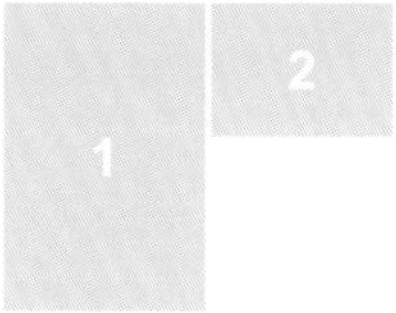

1 格拉納菲・內爾韋尼亞宮展示羅馬柱的柱頭部分

2 維吉爾階梯和羅馬柱複製品

來到古城最重要的目的，就是追蹤漫漫古道所遺留下來羅馬柱（Colonne Terminali della Via Appia）。就在老城區的盡頭，有一根高十九米的羅馬柱直插雲霄，傳說這羅馬柱是亞壁古道的終點標誌，原本有一對，另一根在十六世紀時倒塌，旁邊還可以看到殘存的柱基，而倒塌柱子的其餘部分在十七世紀被贈送給萊切古城。羅馬柱算是布林迪西最重要的標誌，也出現在它的市徽上。爲了防止受到海水鹽分的侵蝕破壞，這裡的羅馬柱其實是複製品，原本的柱頭部分陳列在主教座堂附近一間格拉納菲・內爾韋尼亞宮（Palazzo Granafei-Nervegna）的「柱廳」（Column Hall）內。巨型的科林斯式柱頭上刻有十二個栩栩如生、神采各異的眾神雕像，其中八個是海之信使特里頓（Tritons），餘下四個是海神。下面精雕細刻了莨苕葉紋，神形兼備，讓人很難相信竟是千年前的作品。

老城盡頭的羅馬柱聳立在維吉爾階梯（Scalinata Virgilio）最高點，古羅馬最偉大的詩人之一的維吉爾（Publius Vergilius Maro）在旁邊一間房子裡度過人生最後的一段時間，階梯爲紀念他而命名。自階梯朝前看，就是布林迪西港口的美景。我和 Kelvin 步下階梯，沿著岸邊的寬闊步道繞行一遍。隔著亞得里亞海的內海道，對面有座以鋼筋混凝土製成的義大利水手紀念碑（Monumento al Marinaio d'Italia），高五十三米，從遠處望去，已感到它的巨大雄偉。

1 水手紀念碑

2 義大利陣亡者紀念碑

我們更坐上渡輪，跨過內海，到達彼岸，近距離觀看這座爲紀念第一次世界大戰中喪生的六千名水手而建的紀念碑。這天風日晴和，湛藍的天嵌綴著朵朵白雲，襯得紀念碑更加壯觀醒目。

再回到市中心，聖特蕾莎廣場上有座同樣爲一戰罹難者所豎立的戰爭紀念碑，我們不約而同爲正陷於俄烏戰爭中的平民百姓禱告，祈求和平早日到來！

懷舊古城：萊切

義大利從來不乏千年古鎮，萊切（Lecce，或譯爲雷契）就是其中之一，而且它的歷史已超過兩千年，可說是名副其實。被亞得里亞海和愛奧尼亞海包圍的古城充滿南義風情，鎮日沐浴在豔陽下，居民隨時身體力行慢生活，一派悠閒舒適。

踏入古城，一幢幢以黃灰爲主色調的建築映入眼簾，萊切古城整體面積不大，卻擁有大量充滿藝術性和古典氛圍的巴洛克建築，塔樓、柱子、陽台和門庭等，全都雕刻著華麗、繁複的裝飾、浮雕，令人讚嘆不已。無論是廣場上或街巷內，都可欣賞到精緻雕飾、美麗奢華的巴洛克建築，使它贏得了「南部的佛羅倫斯」（La Firenze del Sud）和「巴洛克之都」等美譽。

說起城市的主色調，不免要特別介紹一下當地出產的米黃色「萊切石」，這是一種石灰石，剛開採出來時很軟，跟空氣接觸後變得越來越硬，人們便利

用此種特質對其進行切割加工，不僅成爲萊切主要出口品之一，也使城內建築具有各種複雜的細節，華美瑰麗，古韻盎然，與佛羅倫斯互相輝映。

1 聖十字聖殿及內部

被羅馬人征服之前，普利亞大區居住了一支印歐族群——梅薩比人（Messapians），相傳萊切便是由他們所創建。跟南義許多城鎮相同的命運，它曾被拜占庭、希臘、奧地利和那不勒斯王國先後統治過。儘管當權者輪番更替，萊切卻一直是重要的海上貿易交通樞紐，尤其是與土耳其之間的貿易，有助於東西方商業和文化的交流與發展。

走在古城的街道上，目不暇給的巴洛克建築中，包括數不勝數的教堂，聽導遊說大大小小超過四十座之多。萊切排名第一的景點是聖十字聖殿（Basilica di Santa Croce），在當地具有相當重要的地位。整座教堂的工程時間花費近三百五十年，至一六九五年才完工。聖殿是典型的巴洛克風格，由六根光滑的圓柱支撐著簷部，第二層的中間有個巨大的玫瑰窗，立面充滿豐富而精緻的細節，裝飾的圖案包括動物、植物、怪誕人物和幾何花紋等，令人不覺眼花撩亂。陽光透過玫瑰窗在教堂的內部投射出斑駁陸離的光影變化，無論是穹頂的巨幅壁畫、牆壁和祭台上的浮雕與壁畫全都精美絕倫，華麗無比。我到來的這一天並非周日，裡面卻座無虛設，坐滿了虔誠禱告的信徒，說明當地居民對宗教的敬仰早已融入日常生活。

↑萊切大教堂和鐘樓

有「南義最美麗的廣場」美稱的大教堂廣場十分寬敞，讓人眼睛爲之一亮，萊切大教堂（Lecce Cathedral）則是廣場上的地標性建築。大教堂同樣是經典的巴洛克建築風格，它具有兩個立面和兩個入口，主要的入口位在教堂的側邊，大門左右兩側的壁龕內是兩位聖人的雕像，上方則是聖奧倫佐的雕像。一六五六到一六五八年之間，那不勒斯王國爆發了大瘟疫，造成中、南義超過百萬人死亡。傳說聖奧倫佐將瘟疫擋在城外，拯救了萊切，

个萊切大教堂的主要入口

於是成爲這城市的守護神。之前在白城奥斯圖尼的自由廣場上，也有一座祂的紀念碑，奥斯圖尼同樣也因爲祂的庇護而免於瘟疫。除了聖人雕像外，教堂立面也雕了很多繁複精細的圖案，把巴洛克奢華的風格發揮得淋漓盡致。

大教堂廣場一帶常是新婚夫婦拍攝婚紗照的取景處，也是旅客熱門的打卡地，周邊除了萊切大教堂外，還有鐘樓、神學院和主教宮，使得廣場成爲當地的宗教中心。鐘樓有七十二米高，是老城最高的建築，已在城中矗立了三百多年。原本我意圖登上鐘樓好眺望遠處的亞得里亞海，然而此時鐘聲大作，原來已屆晚上六點的關閉時間。

距離萊切大教堂不過五分鐘的路程，迎來一片城堡遺址，萊切城堡（Lecce Castle）是由神聖羅馬帝國的查理五世於一五三九年所擴建，又稱爲查理五世城堡。除了防禦性堡壘外，這裡也曾作爲監獄、軍營等用途，目前則是舉辦文化展演活動的場所。城堡前保留著一座和諧噴泉（Fontana dell'Armonia），同樣也是萊切古城的地標，噴泉的外觀沒有特別之處，卻是在一九二七年由當時的統治者墨索里尼下令建造，本意是象徵城市的和平與幸福，然而他卻是發動二戰的元凶之一，充滿了諷刺意味，歷史總是這樣作弄人，教人感慨萬分。

老城區最活躍的中心地帶爲聖奧倫佐廣場（Piazza Sant'Oronzo），這裡集中了不少古遺址和紀念碑。廣場一側聳立一座約二十九米高的圓柱，頂端原本放置了萊切守護神聖奧倫佐的雕像，然而雕像長期受氣候等各種因素影響而受損，所以從圓柱上取下進行維修。有意思的是，這根圓柱正是來自於我剛遊過的布林迪西，也就是亞壁古道終點兩根羅馬柱的其中之一，是由布林迪西贈予的，但也有一說，那是被劫掠過來的。

古城還擁有不少古羅馬遺址，例如聖奧倫佐廣場旁就有一座古羅馬圓形劇場（Anfiteatro Romano）遺址，見證了古羅馬的昔日榮光。目前廣場只顯露出三分之一，其餘部分隱藏在廣場與周圍的建築物下方。劇場本身可不簡單，據說能容納一萬五千人之多。雖然無法走入劇場內部參觀，但我從上方探視，依然能感受它的壯觀。拐過幾個街角，座落在狹窄的街道間，又見到一座半月形劇場遺址，幾排座位圍繞著舞台，雖然規模無法與前一個相比，顯得嬌小玲瓏，卻別具一格，彷彿在不經意間闖入了城市生活中。

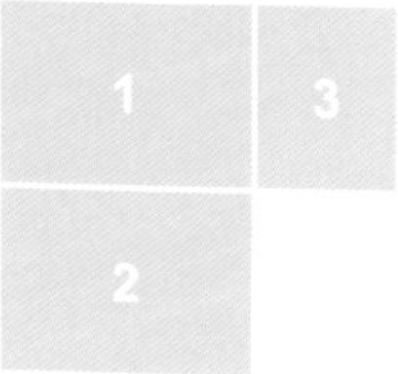

1 聖奧倫佐廣場旁的古羅馬劇場遺址

2 街巷間的半月形劇場遺址

3 魯迪埃門

老城區還保存著三座古城門，其中最古老的是建於十六世紀的那不勒斯門（Porta Napoli），另兩座則分別重建於十七、八世紀。飽經滄桑的三座城門全都爲巴洛克風格，講述著數百年的歷史。

除了上述幾個景點外，萊切還有不少漂亮的歷史大屋。我散步在大街小巷中，慢慢地發掘古城的迷人風采。我很喜歡萊切的巴洛克美麗建築，更讓我欣賞的是未有太多商業氣息，原封不動地保留古城的韻味。一整天行走於街巷中，我仿如置身懷舊的義大利老電影中。

萊切還有一種古老的紙漿藝術，叫做卡塔佩斯塔（Cartapesta），爲我帶來了意外的驚喜。當地的手藝人混合了紙和膠漿，一層一層地黏合與塑形，乾燥後再塗上顏色，製作出各式各樣造型逼真、唯妙唯肖的塑像，從外觀完全看不出是用紙做成。據說從十五、六世紀開始，當地人就用這種工藝來製作宗教聖像，在宗教節日中扛著用紙製作的聖像來巡遊，甚至作爲建築裝飾，既省錢又非常實用。如今這種糊紙的手藝不只用在宗教上，還適用於各種主題。前面提到過的萊切城堡內就設有紙漿藝術博物館，另外在當地也可以買到卡塔佩斯塔的紀念品，將這種手藝繼續傳承下去。

鞋跟的美麗海岸：梅倫杜尼奧

深度遊「鞋跟」普利亞大區的最後一天，我們從洞穴酒店出發，一路向東，挨著亞得里亞海沿岸彎彎曲曲的海灣前行。這段路程相當遙遠，所以大清早就啟程。清晨出發讓我意外地見到亞得里亞海上的奇妙世界：東方的天空浮現淡淡的魚肚白，周圍的雲先由黑色變爲紫灰色，然後慢慢轉向橙紅色。當朝霞越來越豔麗，萬物也逐漸被這紅色雲霞所籠罩，讓人不由自主陶醉於這壯麗的景色中。

我們從萊切穿城而過，直達面朝大海的崖邊，繞海岸線而行。萊切附近有不少小鎮，首先抵達的是梅倫杜尼奧（Melendugno），這個海灣小鎮是弄潮兒的樂園，擁有數不盡的美麗海灘，白沙細軟，其佼佼者包括羅卡韋基亞（Roca Vecchia）、聖福卡（San Foca）、托里德歐索（Torre dell'Orso）和托里聖安德烈亞（Torre Sant'Andrea）……等等。這些海灘均獲得「藍旗海灘」的稱號，也就是被國際組織評選爲水質乾淨、環境管理良好的優質海灘。所以我們每經過一個海灘，都會稍作停留，踏著銀白的細沙，遠處海天一色，近處大浪淘沙，和著浪濤的聲音，合奏一首優美的自然交響曲。我乾脆脫下鞋襪，挽起褲管，光著腳踩在沙上，讓清澈的海水洗濯我的腳，彷彿一股清流沁透心脾。若非旅伴 Kelvin 多番催促，我實在很想留下來，繼續享受這種無比的愜意！

這條海岸線過去是戰爭的前沿陣地，崖邊曾建有許多瞭望塔、堡壘和碼頭，今天多半成了碎瓦頹垣，荊榛滿目。我順著古老的石階梯，走下歷史悠久的碼頭，迎著翻滾洶湧的海浪，遙想當年古羅馬人和阿拉伯人戰船激戰，金戈鐵馬、氣吞萬里如虎，場面會是多麼動魄驚心！

這裡的岩石多爲白灰色的石灰岩，還夾雜了沉積岩和火山岩。我站在崖邊，近看連綿不斷的白灰色海崖，遠觀則是碧綠海水襯著萬里無雲的藍天。羅卡韋基亞的岩石上屹立一座聖母雕像，端視遠方，庇佑當地居民。我突然發現太陽正巧挪移到聖母像的上方，猶如祂身上散發出的聖潔靈光。

崖邊的岩石長期被海水沖擊侵蝕，形成了一個很大的沖蝕水潭，海水呈

↑祖母綠顏色的詩歌之洞

現鮮豔美麗的祖母綠，當地人稱爲「詩歌之洞（Grotta della Poesia）」的景點。每逢炎熱夏天，總是擠滿泳客。

因爲地質結構的關係，石灰岩受到海水的沖刷，形成了各式各樣獨特的形狀。托里德歐索海灘上，就有一對外形特別的岩石，彷彿漂浮在海面上，形狀居然好似臺灣著名的燭臺雙嶼，另我感到又驚又喜。

這段路上一個海灣接著一個海灣，無數的美景相連，堪稱視覺上的豐盛饗宴，讓人深深陶醉於大自然的神奇和美麗。

↑ 彷彿散發聖潔靈光的羅卡韋基亞聖母像

義大利的東方門戶：奧特朗托

熱愛歐洲浪漫主義小說的朋友，或許會知道，全世界第一本哥特小說是由霍勒斯・華波爾（Horace Walpole）在一七六四年完成的《奧特朗托城堡》（The Castle of Otranto），這本書的內容講述奧特朗托公國王室貴族們的內鬥，充滿神祕、詛咒和超自然等元素，在城堡內的劇情相當陰森恐怖，令人不寒而慄。小說所指的奧特朗托城堡（Otranto Castle/Castello Aragonese）正是我今天遊歷的目標。說來有趣，城堡因爲小說而聞名於世，不過作者本人卻從未到過這裡。以如此豐富的筆墨將城堡描寫得生動逼眞，文人的功力果眞深厚。

朋友們有興趣不妨去看看這部緬懷中世紀、追求理性主義的反叛和主觀想像的著作，而我今天衝著小說的名氣，來到城堡一探究竟。事實上，眞正的奧特朗托城堡跟小說所述並不相同。它面對義大利最東面的奧特朗托海峽，最容

个奧特朗托城堡

易受到外國的侵略和攻擊，過去幾度遭到摧毀後又再次重建，最後在一四八〇年奧圖曼帝國的「圍城戰役」中遭到重挫。今天屹立在我們眼前的城堡，就是經過圍城戰役後重建的模樣。

這一日天高雲淡，金風驟起，正是遊古堡的舒適天氣。

城堡的高聳城牆在正午陽光照射呈現耀眼的金黃色，它巍然挺立在古城狹小的市中心區，與民居之間以一條新闢的人行道路相隔。我們走過吊橋，抬頭看見入口上方刻有當時統治者查理五世的徽章。再跟著指示路標，順次參觀堡內三座高聳的圓桶形塔樓。接著我登上城牆，只見城牆下方仍清晰可見深深的壕坑，想當年這裡灌滿海水，是一道

↑阿方西納門廣場

堅固的護城河。向遠處望去，地中海的美景盡收眼底，隔著大海對面，甚至阿爾巴尼亞的山脈都隱約可見。

離開城堡後，馬上進入了另一邊的小鎮。座落在「鞋跟」上的奧特朗托是由來自克里特島的希臘人在數千年前建立起來，目前這兒只有約五千多名居民。主要的街道是一條石板大街，商店、餐廳和民宿等林立。這天我們在路上遇到不少人，有的在路上漫步，有的閒坐在露天餐廳，很難分辨出他們是當地居民或外來的旅客，卻同樣呈現悠閒慢活的步調。我因時間有限，無法多所逗留，一路向前，走到小城的另一端，出城門後，前面就是一片美麗的海濱天地，泊滿大小私人遊艇，地中海的風貌盡收眼簾！

1 奧特朗托街景

2 海濱風光

3 用途不明的石屋

在十五世紀那場奧圖曼帝國入侵的圍城戰役中，小鎮約有一萬多居民被害，其中八百名當地的基督教信徒因爲堅拒改信伊斯蘭教，最終難逃被殺戮的命運，後人稱之爲「奧特朗托烈士」。歷史上不乏堅持信念、堅守初衷的信徒，古今中外皆然，我對他們報以由衷的敬佩。

離開「驚悚」古堡小鎮後，再次取道鄉間小路，趕往這天最後一個目的地。途中在烏賈諾拉基耶薩（Uggiano la Chiesa）一帶縱橫阡陌田原之間，我們發現很多用石塊壘起的錐形小屋，趁四下無人之時，竄進裡面觀個仔細，這些石屋雖然大小不一，裡面黑漆漆啥都沒有。我們在途中遇見路人，向他們多番打聽，卻都無法得到一個準確的答案。或許這些是農民收成後，用來暫存糧食的倉庫吧！

路途上又經過了聖瑟薩雷亞特梅（Santa Cesarea Terme），小鎮位於懸崖邊，因爲天然溫泉而發展旅遊業，成爲度假勝地，當地還可以見到帶有東方風格的宮殿或別墅建築。本以爲這個約三千人的小鎮不是什麼稀罕的地方，沒有打算多加逗留，未料在海邊居然見到城門、城堡和碼頭等設施的遺蹟。雖然敵不過時間流逝，變成一堆堆亂七八糟的斷垣殘壁，不過從規模來看，

↑海邊的遺跡

過去應曾是一座宏偉壯觀的建築。這兒原本有一片採石場，因爲古蹟和自然的海灣結構，圍起來成爲受旅客歡迎的戲水場所，也算是古蹟再生的例子吧。然而前陣子當地發生崖壁崩落的事故，現場封閉無法進入，否則一到夏季，總是聚集許多弄潮泳客在此泗水游嬉。

聖母小鎮觀日落：萊烏卡

我一路走過普利亞許多古城鎮，這回南下到這個大區最南端的聖瑪利亞萊烏卡（Santa Maria di Leuca），或直接稱爲萊烏卡，它的位置剛好在義大利這只長靴的靴跟底端，也是我普利亞行程中的最終站。

古鎮的名字前面被冠以「瑪利亞」，到底有什麼特別的意義呢？原來小鎮有一座聖母教堂 Basilica Santuario Santa Maria De Finibus Terrae，它是該地區最著名的宗教建築之一，也是歐洲一個重要的朝聖地。教堂建於四世紀，最初是爲了紀念聖彼得傳播福音途中曾經過此處，於是建起了教堂，裡面供奉聖母瑪利亞，不僅成爲萊烏卡小鎮的重要標誌之一，小鎮也因而冠上了祂的名字。

萊烏卡小鎮當然不只有這座宗教建築，它面向愛奧尼亞海，風光綺麗，是觀賞日落勝景的理想地。我們馬不停蹄趕往小鎮，目的就是不想錯過了這番良辰美景。

个聖母教堂

小鎮位於海岸線上，聽說這裡有逾三十個神祕的海穴洞，每年夏季是遨遊大海，穿梭海洞的季節。不止如此，這裡也留有羅馬古蹟、街道、教堂和各式建築物等。然而我們到達小鎮時已屆黃昏，於是掠過城鎮與泊滿遊艇的海灣，直接來到南端的山崗。此刻山崗上早已雲集不少觀賞日落景色的旅客，還有雙雙對對依偎的情侶們，全都靜候懸在天際的太陽徐徐墜下的壯麗場景。我凝視著廣闊大海，原本的翠綠染上了玫瑰紅，繼而變換爲金色，太陽徐徐下降，逐漸收斂光芒，最終完全隱沒在大海中，海面上留

个唯美的落日景致

下了萬道霞光。這段旅程中能夠觀看到如此醉人景色，實在暢快，不虛此行！

觀日落的人群逐漸散去，身後聖母教堂的鐘聲突然大作，提醒夜幕已降臨，該是結束行程的時候了，我和 Kelvin 依依不捨，徘徊再三，終於與這兒告別，搭車離去。

普利亞「鞋跟」之旅經過了海岸線的大城小鎮，儘管許多地方是走馬看花、浮光掠影，我仍然覺得非常值得，留下的印象十分美好。也許將來有一天，我會與家人把臂同遊，再次縱情享受這個多姿多采、風光無限好的山水絕景！

天空城堡：安德里亞

二〇〇二年七月，歐元成爲歐元區的合法貨幣，歐盟各成員國宣布停止流通原有貨幣。歐元紙幣的圖案是統一的，至於硬幣的部分，正面相同，背面卻由各發行國自行設計，使用君主頭像、各自風土人情或風景作爲圖案。仔細觀察每一枚流通的歐元硬幣，會發現其中蘊含生動的歐洲景物。

義大利作爲歐洲古老文明的代表，它的硬幣也大有學問，一歐分硬幣背面圖案就是蒙特堡（Castel Del Monte），這座八邊形的獨特建築素有「義大利最美的城堡」之美稱，位於普利亞大區的安德里亞，在一九九六年被聯合國教科文組織列入世界遺產中。

二〇二二年五月，義大利名牌 Gucci 指定這座八角型的蒙特堡作爲時裝大秀的場地，我和旅伴 Kelvin 決定順道開車到城堡園區參觀。

蒙特堡的意思爲「山上的城堡」，米黃色的龐大城堡建材主要使用黃褐色的砂岩，仿如與世隔絕地昂然挺於五百三十米高的山崗之上。沐浴在陽光下的城堡如同一頂黃金鑄就的王冠，所以又有「高地上的金王冠」之稱。城堡由神聖羅馬帝國皇帝腓特烈二世於十三世紀中期親自參與修建。這位自幼失去雙親的「普利亞之子」成長於民間，博學多才，醉心研究科學。

蒙特堡建築融合了古希臘羅馬風格、東方伊斯蘭風格和北歐西多會哥特式風格等不同元素。最特別之處在於和八有關的設計，不僅城堡本身呈八角形，每個角落皆建有一座二十五米高的八角形小塔，城堡上下兩層各有八個相同的梯形房間，內部中庭亦爲八角形。我們站在庭院中央，向上方仰望，見到一個八角形的天空，如此特殊的美麗景致，讓我們和其他旅客紛紛在這裡自拍打卡。

爲什麼會採用八這個數字呢？有一說是源於當時的一種神祕理論，認爲「8」代表了水平和垂直方向的無限，又代表人與神的結合。不管怎樣，它確實是一個嚴格遵守數學和天文學理論而建造的山崗城堡。

蒙特堡的外牆有二點五五米厚，內牆有二點四一米厚，相當堅固厚重。衆所周知，歐洲的城堡大多是軍事防禦工事，義大利各個城堡遺址都可以看

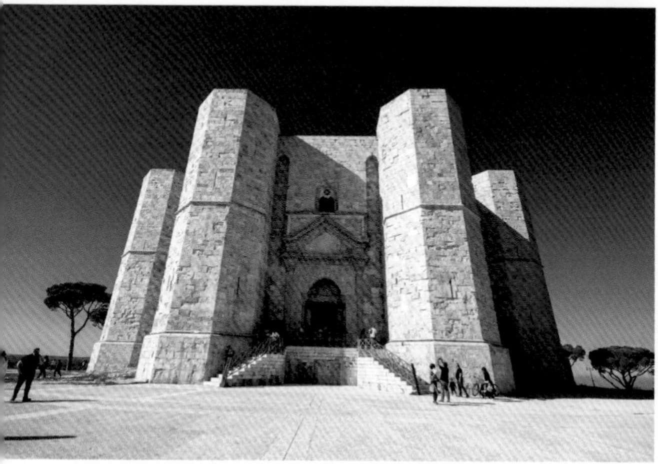
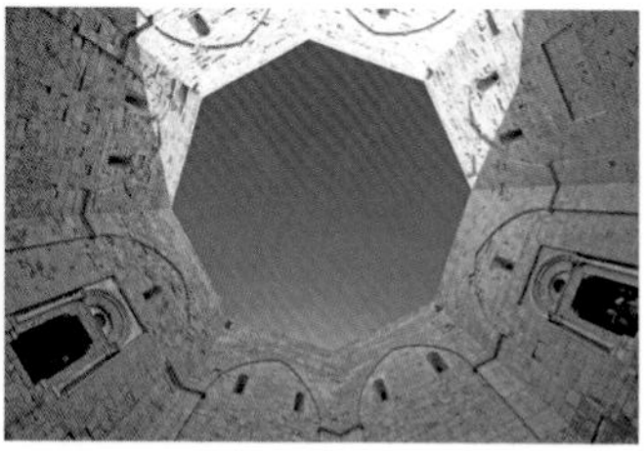

↑城堡的外觀與從中庭向上仰望

到類似的防禦系統，但蒙特堡至今仍未能確定是否作爲防禦城堡之用，也沒有戰爭的痕跡。唯一能確定的是一二四九年，腓特烈二世的私生女維奧蘭特（Violante）在城堡舉行婚禮。城堡後來又改成監獄，不知是否老天作弄，第一批關進來的囚犯恰恰就是腓特烈二世的孫子。

可惜城堡約在十七世紀遭到棄置，土匪和周圍的牧羊人不請自來，城堡內部大多數精美的雕像、大理石等等也被劫掠一空。直到一八七六年，城堡才收歸國有，逐漸得到修繕，並成爲一處旅遊園區。今天要說它是義大利的最美城堡，一點也不誇張。在周圍望不見邊際的平原上，唯有這麼一座別緻的城堡矗立在綠意盎然的山崗上，後方是無一絲雲朵的蔚藍天空，視覺上非常搶眼。不過前往城堡的路程曲折遙遠，若不是專程前往，實非易至之地。

驚豔石頭城：馬泰拉

二〇二一年底當我在香港結束了長達二十一天的隔離後，爲了一解心情的鬱悶，走入電影院觀看剛於香港公映的電影《007：無暇赴死》（No Time to Die，臺灣譯爲《007：生死交戰》）。電影一開場，占士邦（詹姆士・龐德）駕駛跑車載著一位女伴，奔馳在蜿蜒曲折的公路上，公路旁是臨山而建的淡黃色石屋。這個熟悉的畫面讓我回想起二〇二〇年的一次旅程，偶然訪遊義大利的南部小城馬泰拉（Matera），於是二〇二三年二月我再度偕友人一起舊城重遊。

馬泰拉位於巴西利卡塔大區（Basilicata），自舊石器時代便已有人類蹤跡，被認爲是持續有人類居住的最古老聚居點之一。格拉維納河（Gravina）長期沖蝕形成長達五百多米的峽谷，這座古城就建在峽谷之上。馬泰拉在公元前三世紀由羅馬人建城，繼後又經過拜占庭人、阿拉伯人等的擴建。到了十五

至十六世紀，由於塞爾維亞人和阿爾巴尼亞人遭受土耳其帝國統治者的種種迫害，被迫逃亡來到這裡，他們利用自然的石灰岩洞穴建起了洞窟式的石屋——「薩西」（Sassi），嚴格來講他們是挖洞而棲，住進洞穴屋裡，跟中國陝北的窯洞有異曲同工之處。

幾個世紀以來，這片土地歷經多番腥風血雨的動亂，統治者們如走馬燈般頻繁更替，馬泰拉石頭屋居民的數量已然超過萬人，由於當地交通不便，經濟不振，大部分居民都生活在貧窮的環境下。此外，石屋的洞窟相連，排得非常緊密，每間洞穴屋的採光和透氣幾乎只靠一個洞口，而且一家數口甚至與牲畜

1 國家公園內的原始洞穴屋

2 洞穴屋建於峽谷之上

同處一室，長期下來，衛生環境極差，傳染病滋生，死亡率劇增，生活條件每況愈下，石頭城竟變成一處人間煉獄。

多虧一位反納粹的義大利醫生作家卡羅・李維（Carlo Levi）來到這裡，將他在馬泰拉的所見所聞，寫了一本名爲《耶穌止於埃波利》（Cristo si è fermato a Eboli）的回憶錄，描述古城居民的遭遇與苦況，同時也將這裡獨特的景致公諸於世，遂引起社會的廣泛注意和政府的重視。義大利政府展開了對古城的改造大業，在附近另闢新城區，讓當地居民遷離石窟，轉移到現代住宅，改善了生活。然而並非所有人都遷往新城，當地仍留有部分無法負擔的窮人，石窟洞穴的古城更像一片廢墟。後來政府設法把原址改成旅遊觀光點，轉變思路後，廢墟華麗變身，空置的洞穴屋相繼改造爲一個個獨特的洞穴餐廳、民宿、酒吧、咖啡店等，還有不少藝術工作坊進駐，好些石窟屋被打造成文青場所和工藝作坊。一九九三年，馬泰拉的石窟民居和石頭教堂兩處被聯合國教科文組織列入世界文化遺產名錄，二〇一九年更被評爲歐洲文化之都。昔日的貧民石窟從黑暗窮困的環境中獲得了新生，躍升爲觀光客爭相訪遊的南義知名古城。

馬泰拉古城面積廣闊，被一座峽谷分爲三個區域：新城區、古城區和馬泰拉岩洞考古國家公園（Parco della Murgia Materana）。我是在二〇二〇年十月首訪，當時遇上了世紀新冠疫情，古城也不例外，旅遊業受到嚴重打擊，只有戴著口罩的旅客三三兩兩，遊人非常稀疏。我匆匆行走於新、舊兩區之間，儘管時間有限，只有走馬觀花，已深刻感受到這兒與其他義大利古城判若天淵的特殊風情。多虧當時的市長 Raffaello De Ruggieri 認爲開發馬泰拉古城要包含一種特別「慢」的旅遊風味，發展成一座既有文化，又有新活力的旅遊城。即使是新城區也並未見到太多高樓大廈，整座城市的天際永遠屬於古城。

我的處女遊由於資料搜集不足，只在洞穴屋的環城小路繞古城一周，旅遊

↑古城區

↑從主教堂眺望古城區

幾個主要的教堂、洞穴屋和古蹟，就結束了行程。第二次與友同遊時，準備就充分多了，又得到臺灣亨強旅行社陳總的協助，事先爲我們擬定詳細的路線。我與旅伴們甚至在當地留宿一晚，下榻古城高處一間宮殿式酒店Palazzo Gattini，酒店對面就是馬泰拉主教座堂，兩者之間僅隔了一座廣場，位置絕佳，充裕的時間使得這趟旅遊更爲徹底和深入。大伙甫抵達，先來到廣場上，從高處欣賞面前的古城，旅伴們異口同聲表示古城的第一眼就令他們爲之驚豔。

Palazzo Gattini酒店過去是貴族的豪宅，內部經過改裝，主要採用符合馬泰拉當地風格的淡黃色調，有簡單大方的布置，也有華麗無比的裝飾，熠熠生輝。最令人激賞的是從酒店眺望，就能夠一覽無遺地欣賞古城風光。翌日清早，我迎著晨曦涼風，走出陽台，朝暉將淡黃色的石屋群和數不盡的原始洞穴群照個通紅。

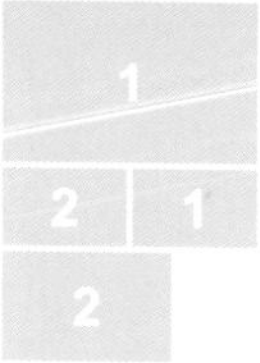

1 洞穴屋改造成文青旅館與餐廳

2 夢泰羅石窟教堂外觀及內部

若要體驗馬泰拉的精髓，必須花點體力，還得小心翼翼。我們從最高處的古教堂出發，沿著磨到光滑的石階梯拾級而下。因爲有了上一次的經驗，不致因小徑曲折且錯綜複雜而弄錯方向走了「冤枉路」。這段石板階級的兩側都是棄置荒廢的石穴屋，外牆已被整理修繕過，卻因爲少有人跡，依舊長滿雜草，外牆斑駁，看來一片荒涼。不過愈往下走，接近環城的公路時，情況就有明顯的改善，可見到多間文青作坊、咖啡室、餐館和酒店。若想要探索洞穴屋的內裡乾坤，可以進入酒店和民宿旅館參觀，裡面的布置簡單乾淨，與他處的酒店設施並無太大分別，唯獨室內採光條件不夠，較爲陰暗，牆壁則多保留岩石洞的原貌。

我們不惜勞累，繼續登上高點，千辛萬苦地來到古城另一端的夢泰羅（Monterrone）。岩石上插著一個巨大十字架，從馬泰拉古城的每一個角落幾乎都能見到。石上有兩座相連的石窟教堂——聖塔瑪利亞・德伊德里斯教堂（Santa Maria de Idris）與聖喬凡尼・夢泰羅教堂（San Giovanni in Monterrone），是整座古城區最顯著的地標。

從外觀看來，教堂就像嵌進一塊巨大的岩石裡。根據資料所述，像這樣的教堂在老城區就逾百座，不過以這區的最大、最有規模。走進教堂內，我們頓時被牆上的壁畫所震懾，儘管有的壁畫色彩已消失，但聖人、聖像的輪廓依稀可尋，祭壇和各個小教堂（Chapel）的氣氛莊嚴肅穆。現在爲了更妥善地保存古蹟，進入教堂都有人流限制。

由於教堂數量太多，我們無法一一參觀，同樣頗有名氣的聖塔露西亞・馬爾維石窟教堂（Santa Lucia alle Malve）和聖彼得・巴里薩諾教堂（San Pietro Barisano）就只能忍痛放棄。

石窟教堂外面的開闊廣場同樣是欣賞古城石窟群穴的好地方，甚至連格拉維納河谷對岸的獨特美景也一覽無遺，大伙佇足欣賞，久久不願離去。

岩石下面是一座宏偉的聖彼得・卡維索教堂（San Pietro Caveoso），位於河谷上方的巨大岩石上，是一座建於十三世紀的羅曼式天主教堂，立面則爲巴洛克風格。午後的強烈陽光映照在教堂簡單莊重的白色石灰岩外牆，令人眩目。內部不乏裝飾精美的壁畫和彩繪玻璃窗，呈現這座古城的歷史文化底蘊。

教堂外面的大廣場是當地宗教和文化活動的重要場地，不少好萊塢電影也在廣場實景拍攝。大家如果看過電影《耶穌受難記》（The Passion of the Christ）、《大衛王》（King David）、《神力女超人》（Wonder

Woman）和《賓虛》（Ben-Hur，
臺灣譯爲《賓漢》）等，應該都
會感覺到眼熟。

1 馬泰拉主教座堂

2 聖彼得．卡維索教堂

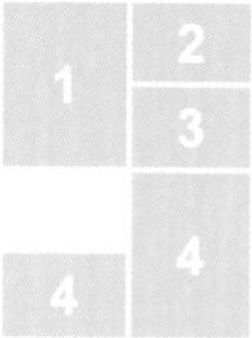

1 馬泰拉民居博物館

2 遠眺古城與鶴立雞群的主教堂

3 新城區街景

4 地下水宮殿及內部

從教堂外望去，就能清楚地看到隔著河谷的對岸都是原始的穴屋，現在已闢成岩洞考古國家公園。峽谷中有一條懸索吊橋連接兩岸，見到吊橋搖搖晃晃，為了安全起見，大伙都不願嘗試踏上去，於是轉而參觀馬泰拉民居博物館（Casa Grotta nei Sassi），裡面主要以洞穴屋的實況來展示當地百姓過去千百年的生活面貌。可惜我們遲來一步，已屆閉館時間，管理員見到我們走近，非但沒有理會，反倒馬上掉頭，不管三七二十一關上大門。大家被拒諸門外，無緣走一回時光隧道，唯有原路折返，穿梭在古城蜿蜒的小巷小弄間，這種走法雖然容易迷路，不停的上坡下坡相當辛苦，然而每當一個轉彎，卻能發現不同的趣致風味，讓大家更深入體會石頭城迷人的一面。

經過兩個鐘頭的漫遊，我們再度來到古城最經典的觀景台，主教座堂鶴立雞群聳立於最高處，被高高低低的洞窟石屋群包圍，古城毫無保留地展現在我們的眼前，景色美得讓人窒息和讚嘆不已。大伙施展渾身解數，拼命按下相機快門，每一張照片都彷彿明信片般。我們在觀景台流連忘返，直至太陽落下石頭城，遠處萬家燈火，才返回酒店，享受米其林餐廳的豐富晚餐。

翌日，馬泰拉的遊歷還未結束，我們驅車前往對岸的岩洞考古國家公園，從另一個角度欣賞古城。「這個城市不大，但是有上百個教堂，有一個美麗的傳說，只要你站在這裡，對著城市喊出自己的心願，它就會實現。」二〇一五年的電影《咱們結婚吧》中，女主角聽了男主角這段話後，大聲呼喊自己的願望。雖然這是男主角逗弄女主角的話，不能作數，我們卻也忍不住學著呼喊出自己的願望，祈求世界和平、疫情遠離。

古城的最後一個行程就是探索位於新城區的「地下水宮殿」（Palombaro Lungo），這是一個從十六世紀開始分階段挖掘，深十六米，長五十米的地下儲水池，一直是當地居民飲用水和灌溉農作物的重要水源。我們參觀複雜水道系統之餘，也不禁佩服古人這巨大水利工程的建造奇蹟。不過我們到訪時，眼前的地下水宮殿居然完全乾涸、滴水不見，據說是非常難得的情況。

我們接著穿越熱鬧的新城區，這區商店、餐廳、精品店林立，與簡樸的洞窟屋老城區風貌截然不同。離開「石頭城」前，我們前往一家面向古城的餐館，一邊吃早餐，一邊欣賞外面的景致，其樂無窮！

那不勒斯及周邊地區

馬勒當拿的英雄城：那不勒斯

那不勒斯（Napoli）又叫拿坡里，這天我和旅伴 Kelvin 來到這座義大利南部卡帕尼亞大區（Campania）的首府，同時爲該國的第三大城市，已是夜色降臨。我們在臨海邊的酒店安頓之後，第一時間走到城內，先找地方祭祭五臟廟，填飽肚子再作打算。

走到城區，找到的並不是義大利餐館，而是一家由溫州人經營的中餐館，這晚剛好是萬聖節，餐廳內都是在城中的中國留學生，年輕的男男女女打扮得鬼怪趣致，在餐館內辦起肆意奔放的派對。

我們並未受邀加入他們熱鬧的行列，於是走出大街先采采風，準備後面兩天的行程。豈料走到老區街中，不斷湧入如潮水般的市民，塞滿了每一個角落，街頭巷尾，包括附近的店鋪全都掛上阿根廷球星馬勒當拿（Diego Armando Maradona，臺灣譯爲馬拉度納）的肖像和海報，電視也不停循環播放馬勒當

拿的事蹟和他的足球生涯。我們好奇打聽到原來十月三十日這天正好是他的冥壽，更讓我們驚訝的是，那不勒斯與球星的出生地布宜諾斯艾利斯相距十萬八千里，爲何這裡的市民卻那麼深情地緬懷他呢？

1 市民湧上街頭慶祝馬勒當拿的冥誕

我們擠在人群中，從街坊市民口中獲悉馬勒當拿爲什麼會被他們奉爲城市英雄。除了他爲阿根廷贏得了一九八六年的世界盃冠軍，打敗當年赫赫有名的英格蘭強隊，跟這座城市有最密切的關係是他曾在一九八四年至一九九一年間效力當地的拿坡里足球俱樂部，並爲該球隊贏得兩次義甲冠軍和一次歐洲盃冠軍，在他未加入球隊時，拿坡里足球俱樂部只是一支不見經傳的小球隊，憑藉他的加入和足球才華，帶領這支球隊一躍成爲國際知名的強隊之一，提高了那不勒斯城市的形象和知名度，直接和間接爲這座城市帶來經濟利益。

我們聽著球迷的憶述，馬勒當拿生活在當地時，經常積極參與當地的慈善活動，經濟援助貧困市民，他平易近人，喜歡與市民交流互動，因此成爲市民心目中的偶像和英雄，受到市民的歡迎，亦把這座城市變成一座熱愛足球的活力城市。

然而，他退役後，名聲一直浮浮沉沉，並做出許多不光彩的行爲，包括財政問題、染上毒癮等負面消息，至他突然去世時，依然被這些「臭名」纏身。儘管如此，都無損他在那不勒斯市民心中的英雄形象，依舊盲目狂熱地崇拜他。

我們好不容易走出堵滿街上那些大聲呼喊球星名字的群衆，才安然離開這狂熱的區域。

朝聖那不勒斯，夕死可矣

提到那不勒斯總是離不開幾個標誌性的詞彙：陽光、海水和美食，這裡氣候溫暖，物產豐富，又有良好的海港，更有歐洲最大的活火山——維蘇威火山（Vesuvio），加上當地居民友善熱情，「朝聖那不勒斯，夕死可矣」（Vedi Napoli e poi muori）這句義大利的諺語，就足以說明它有多大的魅力。要說羅馬是羅馬文明的發源地，米蘭是時尚商業中心，那不勒斯則充滿活力、熱鬧和美麗的風景，是不折不扣的一座「陽光、快樂之城」。

三年疫情期間，我總共到過這裡三次，每次都遇上陽光燦爛的日子。城市到處充滿歷史人文風情，還能享受美食，不愧是南義的旅遊勝地之一。那不勒斯是海港城市，擁有與香港的維多利亞港、日本的函館一樣燈光璀璨的美景，並列爲世界三大夜景城市。不僅如此，整座那不勒斯城在一九九五年就獲得世界文化遺產的稱號，它擁有接近三千年的歷史，經歷漫長歲月的洗禮，城內許多宗教建築、宮殿、廣場，還有公共設施、街道、屋舍和雕像等等，始終保持著原始狀態，顯露這座城市的文化底蘊非比尋常，深厚得很。

然而，人們對於那不勒斯的評價可謂褒貶不一，都會區擁有三百多萬人口，外來移民多，人口稠密複雜，經常發生暴力、搶劫等事件，犯罪率高，治安環境很差。每次有朋友知道我要前來那不勒斯，都會收到他們的忠告，提醒我千萬要提高警惕，以免招致損失；可是也有不少人對它盛讚有加，認爲這裡擁有多種文明元素，包括希臘、羅馬、拜占庭、撒拉遜、法國和西班牙等，同時歷史古蹟多，有美麗的港灣風景，當然更少不了永遠球星馬勒當拿的精神，都給城市留下了珍貴的寶藏。我對它的評價自然屬於後者，從我樂而不厭、多次往返當地，便可了解到我對它的正面觀感。

這座古城擁有跟許多歐洲城市一樣的標配建築，那就是城堡。我到達當天，下榻的酒店前方正對著一座蛋堡（Castel dell'Ovo）。它傲然聳立在海上的梅加里德小島（Megaride），如今已有道路從義大利本島直接通往小島和城堡。它是那不勒斯最古老的城堡，最初是古羅馬貴族興建的別墅，亦曾改爲防禦要塞，甚至是皇室居所，還一度是囚禁犯人的監獄。疫情期間城堡正進行修復，並不開放，我只好遠觀，而不能內進。聽酒店的經理介紹，登上城堡的城樓，是遠眺那不勒斯海灣和維蘇威火山的最佳位置之一。不過這次我住在與城堡僅一馬路之隔的酒店，住的樓層比城堡高出更多，視野更好。

1 新堡

2 遠眺那不勒斯海灣及蛋堡

3 海濱大道

4 修繕中的巨人噴泉

下榻的這幾天，我多番站在酒店房間毫無遮擋的露台上，盡情欣賞港灣多變的景色，除了日出東方和夕陽西下的壯麗，還有夜色低垂時的點點星光、萬家燈火，令人陶醉萬分。

附近的海灣區從中午一直到深夜都是人聲鼎沸，熱鬧得不可開交。想當初這兒不過是個小漁村，我記得兒童時候就聽過一首當地的民歌《桑塔露琪亞》（Santa Lucia），旋律浪漫柔美，非常悅耳，描述的就是這海灣：

看晚星多明亮，閃耀著金光。海面上微風吹，碧波在蕩漾。
在銀河下面，暮色蒼茫。甜蜜的歌聲，飄蕩在遠方。
在這黑夜之前，請來我小船上。桑塔露琪亞，桑塔露琪亞。
在這黎明之前，快離開這岸邊。桑塔露琪亞，桑塔露琪亞。
看小船多美麗，漂浮在海上。隨微波起伏，隨清風蕩漾。
萬籟皆靜寂，大地入夢鄉。幽靜的深夜裡，明月照四方。
在這黑夜之前，請來我小船上。桑塔露琪亞，桑塔露琪亞。
在這黎明之前，快離開這岸邊。桑塔露琪亞，桑塔露琪亞。

我特別珍惜每天清晨和傍晚時分海灣的秀麗美景，抓緊機會散步於海濱大道上，好不愜意！前面不遠處有個宏偉的建築，是一座十七世紀的噴泉，可惜的是三年疫情期間皆被布幕蓋住以便進行修葺，未能讓我見到其廬山面目。

城內最有名氣的當數與蛋堡相距不遠的新堡（Castel Nuovo），就在市中心的市政廳廣場旁，是由那不勒斯王國第一位國王查理一世（Charles I，或稱爲安茹的查理 Charles d'Anjou）始建於十三世紀，做爲國王家族的宅邸。十五世紀時，那不勒斯王國易主，從原本安茹王朝改爲西班牙阿拉貢（Aragon）家族，並對此座城堡加以擴建，成爲今天我們所看到的模樣。新堡略呈梯形，共有五座如胡椒粉罐的圓筒形高塔，四周圍著護城河，雖然如今已然乾涸，變成一片綠色植被。前面兩座高塔之間的入口處，夾著以白色大理石打造的凱旋門，是新堡最引人注目的地方，這是爲了紀念阿方索一世（Alfonso）在一四四三年戰勝安茹王朝、凱旋入城這段光榮歷史，雄偉華麗的門上雕刻了他顯赫家族的浮雕和事蹟。

而今城堡大部分的用途爲市議會和博物館，由於我身爲傳媒的特邀記者，

憑藉記者證賺到免費參觀博物館，裡面收藏了許多與那不勒斯歷史有關的油畫和藝術品，而最高一層是露天平台，站在上面環視，海灣的繁忙景象一覽無遺。

遊過那不勒斯的海灣後，下一個目

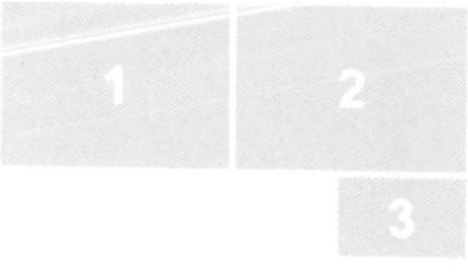

1 托萊多地鐵站電扶梯上方的洞天

2 新堡男爵大廳具有特色的頂端肋拱

3 從觀景平台遠眺維蘇威火山

標就是參觀被歐洲人公認「歐洲最美地鐵站」的托萊多站（Toledo），位於那不勒斯最著名的繁忙商業街——托萊多大道（Via Toledo）上。我參觀過被公認爲最美的莫斯科宮殿式地鐵站，又曾見識過朝鮮平壤美輪美奐的地鐵站，托萊多站到底有多美？出發前，我對此懷抱著半信半疑的態度。

地鐵站由加泰羅尼亞建築師 Oscar Tusquets Blanca 設計，它獨特之處是地鐵扶手電梯的頂端設計成一個巨型的透明橢圓頂，也是全球首次採用這般設計的地鐵站。爲了參觀這個具有盛名的站內「洞天」設計，我小心翼翼跟著如潮般的乘客來到地鐵站，購買地鐵票後，與 Kelvin 一同鑽進地下通道。搭乘往下層的電扶梯時，我抬起頭來，上方天藍色的「洞天」映入眼簾，車站的天花板和牆壁都鑲嵌著藍色馬賽克，使人有置身於水下的感覺，而上面「橢圓形洞天」的照明顏色也不停轉換，如夢似幻。我在中國見到的地鐵站大多採實用主義，如這般藝術的車站確實很少遇見，令我們留下深刻印象，忍不住在站內多次穿行欣賞。待得重返地面時，與那不勒斯的市容相較，頓然有種判若兩城的感覺。

到了用餐時間，我們深知「吃在那不勒斯」，對於飲食方面也很講究。最爲我們熟知的有披薩、義大利麵和義式千層茄子，儘管都非常普遍，製作方法卻很講究。這裡獨有的那不勒斯披薩製作過程更爲人津津樂道，在二〇一七年被聯合國世界遺產委員會評選爲人類「非物質文化遺產」，單靠這個名號就足以令人垂涎欲滴、食指大動。

此外，那不勒斯的濃縮咖啡也非常有名氣，在這裡喝咖啡有個儀式：當地人習慣喝咖啡前先喝口水，尤其是氣泡水，以便清除口中的其他味道，更能享受咖啡。一杯量很少的濃縮咖啡，他們一口一口啜飲，可以慢慢消磨一個下午，原來這就是義大利的「慢生活」。

離城不過幾十公里，就是著名的龐貝古城遺址（Pompeii），當年維蘇威火山爆發，將古城掩埋，使之沉睡超過一千五百年，才重見天日。從遺址挖掘出來的文物大多數都保存在那不勒斯國家考古博物館（Museo Archeologico Nazionale di Napoli），那兒號稱收藏全世界最全面性的古羅馬雕塑以及龐貝古城壁畫和馬賽克藝術品，在全球考古博物館中占有舉足輕重的地位。對龐貝文化感興趣的朋友一定不要錯過。我來到時恰逢萬聖節長假，博物館並未開放，只好另謀其他景點。

垃圾之都

那不勒斯不僅僅是義大利南部的第一大城市，同時是全國第三大的城市，可是城內道路老是髒亂不堪，連義大利人都稱它爲「垃圾之都」，不願踏進這座城市，而我卻敢接二連三到訪這裡，多次探索，可說是「膽生毛」（粵語：膽子很大）了！

這天我們再次走進市中心，看看疫情前後的分別，結果模樣依舊，都是人馬雜沓、喧嘩聲四起的環境。

1 從保羅聖方濟教堂看那不勒斯王宮

2 保羅聖方濟教堂

3 教堂圓形穹頂

我們以平民表決廣場（Piazza del Plebiscito）為起點，它是那不勒斯最大廣場，這裡人潮聚集，非常熱鬧。我們一大清早來到，目的就是避開擠迫的人群，另一方面，清晨時分在廣場取景拍照，又勝於午後，不致因為背光而影響拍攝效果。

平民表決廣場興建於十九世紀初，廣場仿如迷你的梵蒂岡聖彼得廣場，弧形環抱的柱廊如張開的雙臂。廣場四周圍繞著巨型建築，包括位於弧形柱廊中央的保羅聖方濟教堂（San Francesco di Paola），以及教堂對面的王宮，還有省政府辦公地方，以及不少享譽盛名的百年咖啡館和餐館等。據說當時建造這座廣場的目的是為王宮遮擋住前面的破舊房屋。

廣場因為在一八六〇年舉行全民投票，決定那不勒斯加入義大利王國與否而得名，廣場上的王宮融合了巴洛克和新古典主義風格，然而外觀看上去相當樸實，毫無奢華感，最初這裡是西班牙總督的王宮，以後又成了法國波旁王朝以及薩伏依家族（Savoy Family）的居所。王宮本身經過多次的擴建，二戰期間曾遭到嚴重破壞，經過多年修葺才終於恢復成如今的完整面貌。王宮正面牆上的壁龕放置了八尊統治過那不勒斯君主的大理石雕塑，包括十二世紀的諾曼時期君主魯傑羅二世（Roger The Norman），一直到十九世紀薩丁尼亞國王，也是義大利統一之後的第一任國王維托里奥・埃馬努埃萊二世。

現在王宮的一部分改建成皇家博物館，還有一部分是國家圖書館，以及一個小型的宮廷劇院。圖書館內藏品甚豐，除了有一百五十萬冊藏書外，還有宮廷用品、壁畫和油畫等。

仿如迷你羅馬萬神殿的保羅聖方濟教堂主殿上有巨大的圓形穹頂，非常壯觀。但由於我早已見識過那座逾一千五百年的羅馬萬神殿，面對這座教堂時，便沒有特別驚嘆的感覺。踏入教堂內，晨光從穹頂灑落在大殿上，更增添一份莊嚴氣氛。清晨信徒和遊人很少，我們也屏住氣息，不敢大聲說話，以免破壞這片靜寂。

離開廣場後，在新堡的附近有一座跟米蘭著名的埃馬努埃萊二世拱廊設計相若的翁貝托一世拱廊（Galleria Umberto I），只是規模較小。兩者都是新古典主義風格的迴廊，玻璃的穹頂讓自然光透射下來，照在地板上精緻的馬賽克圖案，都成爲旅客爭相打卡的景點。拱廊內商店不乏精品店和餐廳，從這裡

↑翁貝托一世拱廊

往外延伸就是托萊多大道，這條繁喧的購物大道是旅客們血拼的好地方。

最具有煙火氣和活力的地方，是那不勒斯老城區，早在一九九五年，這一區已被列入世界文化遺產。如聖比亞焦書商街（Via S. Biagio dei Librai）、老維卡利亞街（Via Vicaria Vecchia）、法院街（Via dei Tribunali）等多條街道都在這個區塊內，其中斯帕卡那波利街（Spaccanapoli）彷彿一把利刃，將那不勒斯老城一分爲二，「Spacca」在義大利語中爲「劈開」之意，「斯帕卡那波利」亦即「劈開那不勒斯」，從名稱就可以看出端倪。

區內的街巷錯綜複雜，若沒有人帶領而獨闖老城區，很容易會迷路。街巷車水馬龍，巷道中的民房窗台和陽台都曬晾著各式衣物，猶似一串串萬國旗，還有花花綠綠、五光十色的招牌，環境看起來雜亂無章，此情此景，讓我想起五〇到六〇年代香港的居民區。路上人車爭路，我們不得不左閃右避，才能擺脫往來的車輛和行人。

不過這兒遍布各式各樣巴洛克式、哥特式的教堂和博物館，不少民房還建在原本古希臘羅馬的遺址上。我們一路上參觀了幾

1 聖埃爾莫城堡

2 那不勒斯城市景觀

3 西班牙宮

4 老城區

5 聖瑪蒂諾修道院

座很有特色的古建築，既像別墅，又像宮殿，儘管外觀殘舊，卻掩蓋不了古韻，原來是著名建築師、設計師的傑作。例如其中一座叫做西班牙宮（Palazzo dello Spagnolo），建於十八世紀，是典型的那不勒斯巴洛克風格，由著名建築師費迪南多·聖費利切（Ferdinando Sanfelice）受一位侯爵的委託而設計建造。這棟建築的底層後來出售給托馬索·阿蒂恩薩（Tommaso Atienza），他的綽號是「西班牙人」，所以建築就被稱爲西班牙宮。從建築物立面的入口走進，來到一個四方形庭院，裡頭泊滿了單車，也擺放許多雜物，充滿了生活感，昔日的貴族宮殿演變成了尋常百姓的家。不過這座建築的特殊之處，在於庭院內部面對的樓梯間，有一座壯觀的雙重樓梯，走廊上還有精緻的灰泥裝飾。我們自庭院中央抬頭欣賞，被它散發的氣勢所撼動，是難得的另類建築。

老城區內的店舖販售皮革用具、手工藝品、衣飾和果菜食物等，我留意了一下價錢，相比米蘭、羅馬的商品要便宜多了。

我們無暇在熙來攘往的老城區久留，轉至弗梅羅山丘（Vomero），這兒的聖馬蒂諾修道院（Certosa di San Martino）和星形的聖埃爾莫城堡（Castel Sant'Elmo）被認爲是觀賞那不勒斯城市景觀的最佳去處。

可惜當我們登上山丘時，兩座著名景點的入口前已擠滿長長的人龍，要想進入，估計非得等上一個多小時不可，那時已臨關館時間了。我於是出示了記者證，希望圖個方便，可是此次這招卻不見效。大家悵然若失，只能留在山丘徘徊，倚著圍欄，欣賞斜陽落下的美景。

這兩個地方爲何深受旅客歡迎呢？其中的聖埃爾莫城堡在十三世紀由安茹王朝的查理一世興建，原本爲皇室居住之用，後來改成一座防禦堡壘，環繞高聳圍牆。十六世紀改建時，城堡擁有了六角星形的建築結構。到十七世紀，城堡又改成囚禁政治犯和軍人的監獄。城堡今日的面貌是在一九七六年修復後的結果，現在作爲一座多功能的展覽中心。

一旁的聖馬蒂諾修道院以白色和淡黃色爲建築基調，擁有美麗的迴廊，內部更是華麗，除大理石外，還有金箔的裝飾。其中一幅由西班牙著名畫家里貝拉（Ribera）所繪的油畫《聖殤》（Pietà），非常值得欣賞。修道院內設有博物館，收藏義大利十八到十九世紀的彩陶，很有歷史與藝術價值。聽說修道院外面的露台花園可以眺望海灣景色，那座經常雲霧瀰漫的維蘇威火山也在視野之內，我們此行未能進入參觀，居高遠望一番後，便沿著曲折石階級步下老城區。

此刻已是黃昏日落，我和 Kelvin 再次穿越紊亂的老城區，卻意外地找到了老城中心區最爲重要和最具代表性的地標——那不勒斯主教座堂（Duomo di Napoli）。教堂的正式名稱是「聖母升天主教座堂」（Cattedrale di Santa Maria Assunta），不過常被稱爲聖雅納略教堂（Cattedrale di San Gennaro），同樣由查理一世開始興建，直到十四世紀才竣工。一四五六年

↑那不勒斯主教座堂

發生了一場地震使這座教堂蒙受損毀，後來經過無數次的重修，成爲今天新哥特式的外觀。這兒被視爲那不勒斯市民的精神核心，然而像這般規模的教堂，在義大利眞的是比比皆是，與其他城市的教堂相比較，算不上太突出。

我們到達的時候已是晚上，不過教堂大殿依然燈火通明，擠滿虔誠的教徒。我們難以擠入人群，無法欣賞到牆上讓人目不暇給的精美壁畫，只得留在外面聆聽關於神蹟的故事。原來教堂供奉的是該市的主保聖人聖雅納略，過去是那不勒斯的主教，在公元四世紀羅馬皇帝戴克里先迫害基督教徒時殉道，當地人收集了祂的血液，保存起來。如今血液裝在玻璃瓶中，平時收藏於主教座堂內，每年在五月第一個星期六、九月十九日聖雅納略紀念日以及十二月十六日這三天，教衆會取出盛著乾涸血液的玻璃瓶舉行祈禱儀式，經過祈禱後，瓶內乾涸呈固態的血液會液化而開始流動。人們深信每當奇蹟出現，就會是個好年頭；相反若「聖血」並未液化，表示城市將出現災厄。大家若想見識「聖血奇蹟」的盛況，別忘了將這三個日子牢牢記住。

那不勒斯還有很多地方值得探索，我們此次花了一天半時間，只能見到一鱗半爪，城內還有諸多博物館、畫廊等名勝尚未參觀，此外，超過兩千年歷史，包括希臘採石場、羅馬蓄水槽和二戰防空洞等等組成的那不勒斯地下世界（Napoli Sotterranea）也是不容錯過的景點。期待春暖花開之時，再與朋友們結伴同行，再探索這座紊亂卻又充滿活力的「垃圾之都」。

重見天日的古城：龐貝

如果今天我們想回到過去，見識古羅馬人的日常生活，那就要飛到義大利南部卡帕尼亞大區的龐貝（Pompeii）了。它鄰近那不勒斯、阿瑪爾菲和蘇連多等城鎮，剛好在維蘇威火山腳下。一九九七年它已被列入世界文化遺產，是南義必遊景點之一，而且旅客人數愈來愈多，近年連亞洲旅客都紛紛湧至。據當地旅遊局的統計，二〇一九年參觀旅客逾數百萬之眾。

我曾經在八〇年代和九〇年代遊過龐貝古城，最近的一次重遊是在二〇一七年秋天。經過疫情期間的沉寂，想必現在遊古城會更加熱鬧。

龐貝古城如今已闢成龐貝考古公園（Parco Archeologico di Pompei），這裡面積遼闊，幾乎完全暴露在陽光之下，極少遮蔽處，幸好那次我們來訪時正逢秋天，氣溫比夏天稍低，否則長時間曝曬在熾烈陽光下，很容易中暑而感到不適。

比起我三十年前初次來訪，如今的龐貝古城遺址不僅整潔多了，還增加很多清楚的解說標示和路牌，更方便旅客認識當年的居民生活和城市風貌，提升旅客參觀的興致。德國詩人歌德在參訪古城後，曾有過一段評述：「世界上發生過許多災難，但很少帶給後代如此多的歡樂。」遺址得到考古人員的仔細挖掘與持續的保護照顧，讓我們有機會重見封存千多年的美妙藝術和建築。

維蘇威火山被稱為「歐洲最危險的火山」，屬於層狀火山（Stratovolcano，又叫複式火山），形狀如錐形，一般以爆炸方式噴火，爆發後產生熔岩、蒸氣、火山灰和火山碎屑，傾刻間就造成嚴重災難。龐貝位在維蘇威火山山腳下，靠山面海，早在公元前七世紀已建城，當時的人口約兩萬多。因地理優勢，促成海運貿易發展，是一處繁華的港口城市，貴族、商賈聚居，過著享樂奢華的生活，從遺址內發掘出來的文物內容，可見一斑。例如遺址內挖掘出的妓院居然有二十五所之多，出土的銀製酒杯上居然刻有「盡情享受生活吧，明天是捉摸不定的」等字句，可以想見當時的人就過著有酒今朝醉的糜爛生活。

公元七九年，火山爆發，火山灰將龐貝整個掩埋，一千多年的歲月流逝，龐貝彷彿從未存在過，無人知曉。十六世紀時，當地曾有農民種植葡萄時發現了一些古文物，卻並未引起重視；到了十八世紀初，又有農民挖出一些古羅馬錢幣和具有雕刻痕跡的大理石碎塊，依然無人問津；再經過幾十年，人們再次挖出了刻有「龐貝」字樣的石塊，此時才終於引起注意，意識到這就是歷史上瞬間消失的古城，而古城的挖掘工作，也正式從一七四八年展開。

不同於一般羅馬廢墟或是遺址，剎那間的毀滅使龐貝古城得以原封不動地保存下來，並未在時代變遷中遭到破壞。經過幾代考古專家們細緻的挖掘工作，龐貝城內絕大多數建築的屋頂雖已不見蹤影，但框架還在，老城牆和氣派的城門依然矗立，從大街小巷的排列可以窺見城市的布局。各式各樣的民房不僅有樸素莊重的早期建築、設計美觀宏大、裝飾細緻的古希臘式，再到古羅馬時期極盡奢華的風格，都一一呈現在我們的眼前。

不僅如此，更讓後人感興趣的是，龐貝遺址使人更近距離地接觸和了解羅馬人的生活片段。例如曾在火山灰中發現近兩千年前的碳化麵包，甚至還完整保存了麵包的原狀。龐貝古城可以說是如實反映古羅馬時期人民的生活，確確實實是一座完整的活化石。

我們從海之城門（Porta Marina）進入龐貝古城，古城長達三公里的城

牆總共有七座城門，這是最壯觀的一座，因面朝大海而得此名。穿過海門後，就算進入古城了。城內街道縱橫，分爲東西向和南北向，將古城如棋盤般整齊地劃分成不同區塊，各項建築錯落有致，井井有條。走在千年前的道路上，我們可以清楚地看到深深淺淺的車輪轍印，可想而知當時城市的交通有多繁忙，甚至使石板道路都壓出了歷史的輪印。

1 挖掘出的文物和居民「鑄體」

2 神殿區

3 龐貝遺跡與維蘇威火山

說到交通，這裡還有個趣味知識點：現在各國通用的斑馬線，「始祖」估計就源於龐貝人發明的「跳石」。當時的龐貝由於車、馬混行，熙熙攘攘，導致交通擁擠堵塞，人們穿行道路不易。爲解決這個問題，龐貝人不僅加高了人行道，還在接近馬路口的地方，砌起一塊塊凸出路面的石頭，連接兩邊的人行道，這些石頭被稱爲

1 妓院牆上的春宮畫

2 浴場遺跡

3 原本是各種店鋪的遺跡

4 作者踏上路上的跳石

「跳石」，行人得以踩著穿越道路，同時馬車的輪子也可以從跳石間通過，互不影響，作用就如現代的斑馬線。我們自然沒有錯過這個有趣的發明，先後踏上這些跳石打卡留念。

大伙再往裡走，陸續經過廣場、最古老的阿波羅神殿（Tempio di Apollo）、朱比特神殿（Tempio di Giove）和奧古斯都神殿（Tempio del Genius Augusti）、市政廳，還有必不可少的競技場、圓形大劇場、公共浴場、市集等等，這些都是古羅馬人生活和娛樂的場所。由於當時經濟發達，社會穩定，人們對於生活就更爲講究，像是羅馬貴族的豪華住宅和別墅就相當具有可看性。至於前面我提過的妓院（Lupanare）就更吸引旅客的注目，目前唯一提供參觀的色情場所遺址共有十個房間，分上、下兩層樓，門梁、牆壁上繪有各種情色春宮圖，即使以現代眼光來看，都覺得相當色情露骨。那個時候的服務也不分性別，例如有個房間牆上的春宮圖主角，竟然是兩位男性，其實古羅馬在性取向方面可是相當開放包容。

龐貝古城的壁畫以及馬賽克鑲嵌畫非常值得欣賞，都富有生活情趣和藝術張力，另外還有不少因未能逃生而被火山灰活埋的居民「鑄體」等，這些都是吸引旅客絡繹不絕來參觀的原因。不過，留在園內的文物古蹟有限，多爲複製品，大多數眞跡如今都已轉移到那不勒斯考古博物館，若大家未能滿足於這些參觀內容，想要見到美麗壁畫和裝飾，回到那不勒斯時，別忘了走一次考古博物館。

龐貝的挖掘工作迄今還在進行中，目前還有三分之一的部分尙待發掘，而遺址的保護工作也一直是各國考古專家們關注的重點。從新聞報導可知，爲防止古城未被發掘的區域遭到雜草等植物生長破壞，近日義大利政府在古城部署約一百五十隻綿羊，使用「羊群剪草機」的方式，讓羊群吃掉古城牆和房屋上的草，以這種純天然的方法保護古城遺址的原生態，並且省下一筆不小的開支，不知對我們國內的遺址保護是否具有借鑑作用呢？

借這個機會，向喜歡撿拾碎石、文物回去留作紀念的朋友們提個醒，在過去十多年來，不少旅客自園區內偷偷地撿拾「戰利品」回家後，都或多或少發生了「不吉利」的事，不是自己身體出狀況，就是家庭出問題，後來這些人紛紛主動「自首」，把這些「不祥」的「戰利品」送回龐貝，向遺址表示悔意。所以大家來到龐貝，千萬記得愛惜古蹟，不可造次，免遭天譴。

另外，說起龐貝古城，其實我第一時間想到的是樓蘭古國，這個在古代絲綢之路上占有極重要地位的神祕古城，被稱爲「沙漠中的龐貝」，也是突然之間神祕消失，留下了太多的謎團。我們對它的了解實在有限，正是這些未解之謎，吸引一代又一代的人前去研究和探索，我也不例外，假以時日，我一定遠征此處，冀能親眼目睹這座失落的神祕古城。

極致美景：阿瑪爾菲海岸

義大利南部聞名遐邇的阿瑪爾菲海岸（Costiera Amalfitana）與該國第三大城那不勒斯爲鄰，在一九九七年被列入世界文化遺產。這段位於那不勒斯灣東南，索倫托半島（Penisola Sorrentina）下方的海岸線，東至小城薩萊諾（Salerno），西以小鎮波西塔諾（Positano）爲終點，綿延約五十公里長，整段崎嶇不平的海岸線上，一系列中世紀城鎮建在高聳的崖壁上，沿著山坡點綴了一幢幢色彩繽紛的建築，在蔚藍地中海的映襯下更加耀眼迷人。索倫托（Sorrento，又譯爲蘇連多）和海上的卡普里島（Isola di Capli），還有佩斯托姆（Paestum）、阿瑪爾菲（Amalfi）、拉維羅（Ravello）和波西塔諾，都是這段海岸上的珍珠，各有各的魅力。

除了自然風光、迷人城鎮和文化遺產構築成令人屏息的美麗畫卷，當地的氣候也非常宜人，溫暖的夏天和溫和的冬天吸引了眾多旅客，嬉遊於美麗的海

灘，或漫步在好似迷宮般的狹窄街巷內，驚豔於歷史和藝術遺產的豐富與獨特。這個令人心醉的地方美得彷佛夢境一般，也難怪美國田園作家暨諾貝爾文學獎得主約翰．斯坦貝克（John Steinbeck）遊過波西塔諾後，將這裡形容爲「夢鄉」。

1 阿瑪爾菲濱海景致

2 波西塔諾小鎮

我自二〇一一年至今，已先後遊歷阿瑪爾菲海岸不下四次，例如索倫托，我已三度到此遊歷，疫情期間便未安排重遊，不過對它仍是念念不忘。小鎮建在索倫托半島上，一邊是懸崖，另一邊是壯闊無垠的大海。當夕陽西沉，一抹殘陽如血，映照在天邊，整個大海渲染了顏色，壯麗美景讓人印象深刻。我每次都選擇下榻在崖邊的酒店，視野極佳，從陽台就可以欣賞到崖下綿延不斷的怪石奇岩，還有建在岩石上的撒拉遜瞭望塔遺址。

我最近的一次重遊阿瑪爾菲海岸是在二〇二〇年十月。不同於過去所下榻的酒店，老朋友臺灣亨強旅行社的陳總這回特別爲我訂到另一間位於阿瑪爾菲海岸懸崖上的酒店，它的內部裝飾美輪美奐，是由原來十一世紀的宮殿改裝而成，華麗典雅。酒店附近爲著名的魯福路別墅（Villa Rufolo），往下走三公里左右就是阿瑪爾菲大教堂（Duomo di Amalfi），從這兒旅遊附近的著名小城小鎮和地標景點，真的非常方便。酒店最大的賣點是背山面海、居高臨下，可以俯瞰整個海岸線，景色美不勝收。

疫情期間，酒店門堪羅雀。我每天坐在面對地中海的陽台上享用早餐，那種逍遙自在的心情，真的是無法言喻。酒店還設有露天恆溫的無邊際泳池，我也爭取時間在這般詩情畫意的泳池中暢泳，享受個人「包場」的愜意。

↑從酒店看海景，景色怡人

顯赫一時的海洋城市：阿瑪爾菲

二〇二〇年的仲秋之行，我的重點擺在充滿魅力的中世紀地中海商貿城市——阿瑪爾菲。查究它的歷史，是義大利中世紀四個海上共和國之中，最古老的阿瑪爾菲共和國首都，較之比薩、熱那亞和威尼斯成名得更早，在十一至十二世紀盛極一時。當時人民已熟悉使用羅盤技術，從而促進了航海業的發展，並在十二世紀創立了一套地中海航運的阿瑪爾菲法（Tabula Amalphitana），成爲往後數個世紀公認的航海法典。

這天天色陰晴不定，遊人更少，我漫步於這座充滿地中海風情的古城。古城面向開闊的第勒尼安海薩萊諾海灣，海水呈現深淺不同的藍。下方有處天然海灘，是弄潮兒的天堂。朝海灣兩側望去，其中一邊有座踞山崖而建的撒拉遜塔，過去是爲了防禦阿拉伯人從海上侵入而建的瞭望塔。導遊介紹，每當發現敵人進入古城水域時，瞭望塔會燃起烽火，一方面通知城內居民作好防

↑洛倫索大道

禦準備，另一方面亦向附近海岸線的小城鎮示警，在防禦上具有重要的作用。

建於十二世紀的海門（Porta della Marina）一側牆上，留有一幅馬賽克砌成的阿瑪爾菲全盛期的貿易路線地圖，穿過城門後，來到主要的洛倫索大道（Via Lorenzo D'Amalfi），順著斜坡直上，經過彎彎曲曲的小路，就會發現城市仿如一座迷宮，常遇上迴廊和陡峭的階梯。我感覺小城居民很會利用地形的特點，在有限的空間創造出多元變化的景致。斜坡上櫛比鱗次的民居，

1 大教堂外觀及內部

2 阿瑪爾菲海岸風光，遠處爲撒拉遜塔

非常密集，商業區則在一進入城門後的大教堂廣場一帶，再往上走又是另一種不同的環境，那就是造紙業的工業區，可以說古城包羅了旅遊觀光、民居、商業和工業於一身。

小城中最具有代表性的地標是建於九世紀末，後在十到十三世紀間進行擴建的聖安德烈教堂（Cattedrale di Sant'Andrea），也就是阿瑪爾菲主教座堂，就位在進入海門後的大教堂廣場上。教堂供奉阿瑪爾菲的守護神聖安德烈，祂是耶穌的第一個門徒，聖彼得的兄弟，兩人同是漁夫出身。我先前到過以色列，也聽過不少關於祂的故事。

十三世紀初，當聖安德烈的遺骸從君士坦丁堡運至阿瑪爾菲後，便下葬在教堂的地下室，大教堂並於此時進行了擴建。

作爲古城的宗教中心，大教堂加上鐘樓的整體建築混合了莊嚴樸素的羅馬式和花俏華麗的阿拉伯諾曼式風格，黑白相間的外牆十分搶眼，與一般常見的教堂外觀迥然兩樣，塑造出一股獨特的魅力。步上了六十二級的階梯，教堂正門是一扇來自君士坦丁堡的巨型青銅門，內部正殿爲金碧輝煌的巴洛克風格，另有一條長長的天堂迴廊（Chiostro del Paradiso），裝飾著馬賽克壁畫，精緻的工藝令人讚嘆不已。

大教堂廣場也被稱作「涼鞋廣場」，我打聽下來，原來過去是鞋匠的聚集地，是賣鞋的地方。中央有一座噴泉，上面是聖安德烈的雕像。這裡是城中最繁華的商業區，販售檸檬酒、陶瓷製品和各式點心。來到此處，我總不忘到附近商店尋找自己心儀的紀念品。

1

1 來自君士坦丁堡的巨型青銅門

SANCTVS
ANDREAS

別墅之旅：拉維羅

拉維羅位於波西塔諾的南面山上，與阿瑪爾菲海岸線上其他城鎮不同的地方在於它並不是臨海依山而建，而是座落在山上，是一處人口稀少、遠離繁華、樸實又富有文化色彩的田園小鎮，又被稱爲「音樂之城」。

德國音樂家威廉．理查．瓦格納（Wilhelm Richard Wagner，台灣譯爲華格納）譜出了大家熟悉的《結婚進行曲》，著名的《帕西法爾》（Parsifal）則是他最後一部歌劇作品，劇中第二幕的背景——主角帕西法爾抵抗魔女誘惑的美麗花園，就是從這座小鎮的迷人景致獲得靈感。

順著貫穿小鎮的石板小徑往上走，迎面可見山上一片片的梯田和白色小屋。我感到小鎮充滿田園氣息，春夏時分沿途花香撲鼻，這般恬靜悠閒的氣氛，的確能讓藝術家找到不少創作靈感。

我們在拉維羅的主要目的是「遊別墅」——中世紀時期的魯福路別墅

↑魯福路別墅內近八百年歷史的花園

（Villa Rufolo）和欽布羅別墅（Villa Cimbrone），兩座別墅都位於鎮中心不遠處。

魯福路別墅的入口處種植數株逾百年的高聳義大利松，把別墅襯得更爲古樸。別墅在十三世紀建造，十九世紀做過全面修復和改建。特色是一座近八百年歷史的花園，我站在花園上層的露台，俯瞰是滿園百花盛開，爭妍鬥豔；遠望是碧波清澈的地中海，天海相連，毫無保留地展現在面前。難怪瓦格納在一八八〇年來訪時，會有感於這樣的美景，替《帕西法爾》這部偉大創作裡的誘人花園找到完美的演繹。

每年夏季，在如此詩情畫意的庭園內會舉行音樂節的演奏，效果更不同凡響。

接下來我們轉往欽布羅別墅，途經的酒店和餐館都設計得很典雅，配上大自然的崖壁和海灘作背景，更添浪漫氣息。

欽布羅別墅的歷史可以追溯到十一世紀，二十世紀初的擁有者——一位英國貴族將其進行大幅改建，現在成為一間酒店。別墅的最大特色是一座空中露台，建在海拔約三百五十米高的山崖峭壁上。穿越別墅羅馬式、巴洛克式的古庭院後，步出一望無垠的空中露台，欣賞三百六十度海闊天空

1 從欽布羅別墅的露台欣賞廣闊海景

2 拉維羅的主教廣場

3 欽布羅別墅如今改做酒店

的風景，不僅心情舒泰，眼前的美景更教人無法忘懷。就連人稱「美麗的尤物」的傳奇女星葛麗泰・嘉寶（Greta Garbo）也曾經數度在這座別墅隱居，遠離「狗仔隊」的騷擾。

此地的特產是色彩豔麗、手工精巧的陶瓷製品，尤其價錢又較爲便宜，臨離開前，我帶頭血拼，開了先例，帶起其他旅伴加人戰團，最後大伙都滿載而歸。

暢遊過阿瑪爾菲海岸，必然會被它的「美色」所深深吸引。我和熱愛旅行且到過義大利的朋友們都一致認同此乃「一生中必遊的最美景點」之一，大家可千萬不要錯過！

歐洲的綠化帶：阿布魯佐大區

我遊歷義大利累計已超過一百多天。這天翻開「靴子」國的地圖，細數地圖上的大城小鎮，發現自己竟然未曾到過位於該國中部的阿布魯佐大區（Abruzzo，又叫做阿布魯奇），有點滄海遺珠的感覺，於是馬上告知爲我策劃義大利全國走透透行程的臺灣亨強旅行社陳總，請她再次安排行程。

提到這個大區，更鮮爲亞洲旅客所知曉，它位於義大利中部，既有歷史，風景更是秀麗，可說是義大利最舒適的地區之一。大區內有三分之一面積是國家公園或其他地區公園，最有名氣的是阿布魯佐國家公園和自然保護區，區內不乏高山、草原和湖泊、河川和瀑布等自然景觀，園內植被茂盛，也是動物的天堂，棕熊、狼、鹿、狐狸、野豬，以及多種飛禽等等。可惜這裡的旅遊業才剛發展，尚未熱絡起來。

我喜歡收藏葡萄酒，從資料中了解到這個大區是一處葡萄酒產區，於是向北京薇娜利雅葡萄酒精品館順口多問幾句。原來這區有「歐洲的綠化帶」之稱，具備種植葡萄的絕佳條件，臨山毗海，雨量和陽光都充足，可說是完美的葡萄種植園，尤以兩種叫蒙特布查諾葡萄（Montepulciano）、特雷比奧羅葡萄（Trebbiano d'Abruzzo）最有代表性。據店內的評酒師大山師傅說，這裡的紅酒一般呈深紫紅色，口感濃郁豐富，特別是珍藏三年以上，深受劉伶鍾愛。

遊義大利久了，我越來越喜歡這裡的小城小鎮，巴不得每天遊一個村鎮。令我印象最深的是它們都有厚重的歷史文化，並非千篇一律，反而各有千秋，各有各的歷史和故事，並非人爲堆砌包裝而成。居民無論住在高地、平原或山林間，都熱愛自己的生活，日復一日地守護著家園。我在阿布魯佐大區遊訪的幾個地方，恰好都是各具特色的小城鎮。

山中桃花源：塔利亞科佐、卡帕多西亞

阿布魯佐大區阿奎拉省的塔利亞科佐小鎮（Tagliacozzo）人煙稀少，只有七千多居民生活在八十多平方公里的小鎮裡。關於它的歷史，我是從司機介紹中得知。十三世紀時，西西里王國原本掌權的霍亨斯陶芬家族與安茹的查理在小鎮發生一場「塔利亞科佐之戰」，這是教皇與王室家族之間的權力爭奪戰。戰後安茹的查理成爲那不勒斯王國的首任國王查理一世。然而我此行並非爲尋找戰場而來，志在將這座建於山中的美麗村鎮好好賞遊一遍。

我們的車繞山路爬升，最後來到塔利亞科佐小鎮的最高處，也是最寬敞的方尖碑廣場（Piazza Obelisco）。這裡是鎮的中心地帶，廣場應該便是以一根豎立在中央的古埃及方尖碑爲名。古埃及人建造方尖碑有幾個作用，除了獻給太陽神、紀念法老的政績，或具有裝飾性。狹長高聳的塔身，上端如三角形金字塔設計。廣場是熱鬧的假日集市場地，且據說每年的聖誕平安夜，廣場張燈結彩，放置大型的聖誕樹，當地居民在廣場翩翩起舞，慶祝佳節。廣場周邊的房子多粉刷成柔和的暖色色調，而村民的居所就自廣場順山勢而建，大部分是利用當地石材，風格簡樸。

小鎮的石板路被時光打磨得發亮，窄狹巷道兩側屋舍儼然，盡是三兩層高的矮房屋。民屋外牆間中（粵語：偶爾）粉刷上紅色，或是彩繪塗鴉，把原來樸實的小村落點綴起來，增加了一些動感活力。小鎮保有數個古舊的石城門，我猜想這些舊時的城門應具有防禦功用，是定時開關的。

聖方濟教堂與修道院（Church and Convent of Saint Francis）建於十三世紀，大門上方有一幅彩繪的宗教壁畫，部分的顏色已剝落，可見年代的舊遠。內部亦有彩繪壁畫，精美萬分。教堂著名的地方在於切拉諾的托馬索（Tommaso da Celano）就埋葬於此，他曾爲聖方濟撰寫數本傳記。

小巷往上走，會來到公爵宮（Palazzo Ducale），歷史可以追溯到十四世紀上半葉，建築風格很別緻，不同樓層的窗子具有不同的建築風格。這座公爵宮陸續爲奧爾西尼家族、科隆納家族所有，在歷史上，這兩個來自羅馬的義大利貴族家族長期彼此鬥爭，相當知名。

索科索聖母教堂（Chiesa Santa Maria del Soccorso）該算是塔利亞科佐的宗教中心了。毫不誇張的說，大大小小的教堂我看過不下百座，有雄偉大氣的、也有精緻小巧的，樣式繁多、數不勝數，看得我眼花撩亂。不過這座教堂特別之處在於教堂位在栽滿綠樹的小山坡旁邊，有一種神聖的寧靜，側邊的鐘樓懸掛一口銅鐘，使我不期然想起了「姑蘇城外寒山寺」的古鐘。想必悠揚鐘聲響起時，必會傳遍整座山丘，甚至傳到更遠之處。這天適逢周日，我在此逗留個多小時，雞犬相聞，卻未能遇到任何一個住在這陶淵明「桃花源」般世界裡的當地居民，甚是可惜。

山上還有一座塔利亞科佐古堡遺址，如今只遺下殘垣斷壁。為省腳力，我便放棄登上去。

下一個小鎮卡帕多西亞（Cappadocia）位於深山幽谷中，這天不知是何緣故，小鎮竟未開放外車進入。若要訪遊，唯有徒步走上濕滑的陡斜坡。這時天降微雨，我擔心山路濕滑不好走，有點卻步。考慮了片刻，決定就在村莊的高處俯瞰小鎮。只見周圍群山環繞，層層林木染上了紅黃色，倒映於潺潺流淌的溪川，一派山水空濛的絕妙美景。

回想九到十一世紀間，這裡是拜占庭帝國的軍事要地，想必當時是烽火連天的戰場。如今回歸平靜，人們避世於此，安居樂業的同時，享受著如畫一般的山清水秀。

1
2
3

1 索科索聖母教堂

2 塔利亞科佐一隅

3 卡帕多西亞全景

古鎮風華：蘇爾莫納、蘭恰諾

遊過山上的「桃源」小鎮後，我順路來到隱藏在亞平寧山脈中部的另一個古老小鎮。兩座老房子間以斑駁牆垣的廊橋相連，彷彿小鎮的城門，穿過廊橋後，便進入了蘇爾莫納小鎮（Sulmona）。眼前出現一座長方形的加里波第廣場（Piazza Garibaldi），中央有個大噴泉。廣場背倚層巒疊嶂的崇山峻嶺，四面圍繞錯落有致的老建築，不少是商店和餐廳，還有當中最古老的哥特式聖斐理伯內利教堂（Chiesa di San Filippo Neri）。每逢周末，廣場成爲市集，聚集流動攤檔和小型貨車，熱鬧非凡。

冬雨方停歇，氣派儼然的大廣場空無一人，我趁機在廣場上拍照打卡，而後站在廣場中央，觀賞遠處的山巒起伏，雪山依舊籠罩在雲霧繚繞間，若隱若現的雨後美色，使人沉醉。

廣場與古鎮中心區橫隔著一條長長的中世紀水道橋（aqueduct），建於

↑水道橋

↑從水道橋拱洞看向加里波第廣場

十三世紀，目的是將吉齊奧河（Gizio river）的水輸送到城鎮，作爲農耕等的用水。由於建築這種引水道需要耗費大量的人力物力等資源，可見蘇爾莫納過去曾經有過非常繁榮的時期。世界各地的引水道，大概要屬羅馬時代修建的最爲有名。古羅馬人從公元前三一二年開始，在疆域內陸續建造多條引水道，將水導入城內用於浴場、噴泉及民生用水等，有些至今仍具有作用。我就曾經在以色列的凱撒利亞古城遺址見過與蘇爾莫納這座幾乎如出一轍的水道橋。水道橋的一端有座建於文藝復興時期的老人噴泉（Fontana del Vecchio），人們會拿著瓶子在這裡裝水飲用。噴泉的名字通俗易記，據說是因噴泉上有個老人的頭像而得名。

穿過水道橋的拱洞，便是小鎮的老城區了。

歐斯派達爾大街（Via dell'Ospedale）是鎮上最長、也是最主要的大街，兩側林立不同風格的古建築，走在路上恍如置身於中世紀。這天是假日，而且又接近聖誕節，大街小巷都布置起聖誕裝飾，居民扶老攜幼來到大街上閒走消遣。這時天色轉晴，遊人更是絡繹不絕，古老的小鎮一下子熱鬧起來。街道上還播送歡快的聖誕歌曲，到處瀰漫著濃厚的人間煙火味。

這個小鎮在一七〇六年發生過大地震，不少建築經受不起考驗而毀壞。很多大型建築是在原來的廢墟上重建起來，融合了哥特式和文藝復興時期的風格。大街中心地帶有一組雄偉的 Santissima Annunziata 建築群，由幾座建築組合而成，包括宮殿和教堂，如今有一部分區域作爲市民博物館（IL Museo Civico di Sulmona）之用。裡面保存和陳列了許多古舊文物、油畫、黃金製品，及一個十四世紀的木製十字架。教堂地下室的藏品更爲珍貴，保存了十三世紀教皇策肋定五世（Pietro da Morrone）的遺物，包括祂生前穿過的拖鞋和祂心臟的一小部分。策肋定五世是一位隱修的修士，也是教會史上第一個自動退位的教皇。

至於供奉聖潘菲羅（San Panfilo）的蘇爾莫納大教堂，據說是建立在古羅馬時期公元前二世紀至前一世紀一間阿波羅和維斯塔神廟的遺址上，證明這小鎮的歷史有多麼悠久。

1 市民博物館內部

2 Santissima Annunziata 建築群

3 聖方濟教堂與拱門遺蹟

←九月二十日廣場

我原路折返水道橋，附近有一道別緻的拱門遺蹟，過去是聖方濟教堂的側門，拾階而上，裡面剛好在舉辦宗教主題的現代油畫展覽。我漫不經心地瀏覽一遍，轉而前往大街另一端的九月二十日廣場（Piazza XX Settembre），一座紀念古羅馬詩人奧維德（Publio Ovidio Nasone）的塑像就豎立在廣場中央。原來這座古鎮人才輩出，正是這位詩人的故鄉。他的代表著作有《變形記》、《愛的藝術》和《愛情三論》等，與賀拉斯（Quintus Horatius Flaccus）和在布林迪西提過的維吉爾同被譽爲古羅馬經典詩人，在當時都享有崇高的地位。蘇爾莫納的鎮徽上還寫了奧維德的詩句「Sulmo mihi patria est（蘇爾莫納是我的故鄉）」的首字母SMPE，可見他在鎮上被尊崇的程度了。

義大利勝在古鎮多，且各有自我風格和特色，魅力無窮，令人遊之不厭。蘇爾莫納就有一項與其他城鎮不同的競技活動，流傳已久，每年夏季的七、八月間在大廣場與水道橋前舉辦，活動名爲中世紀騎士競技（Giostra Cavalleresca），競技者穿戴盔甲，裝扮成中世紀騎士的模樣，跨上馬背，手執長矛，在廣場上互相比拼，這種比武方式稱爲「騎槍比武」（Jousting）。騎士們持長槍衝刺，四百多年前中世紀騎士正面交鋒的比武重現眼前。這個精彩的活動只在蘇爾莫納舉辦，跟其他義大利城鎮的節日或活動迥然兩樣。二〇二〇年至二一年兩年間受到新冠疫情影響而停辦，二〇二二年七月才恢復過來，可惜我事前不知道此項活動，否則一定會親歷其境，湊個熱鬧。這項活動既娛人又娛己，還可以推動當地的觀光事業，一舉數得。

鎮內還生產一種在義大利享譽盛名的杏仁糖果，叫做五彩紙屑（confetti），是以五彩繽紛的糖衣包裹著杏仁，放在嘴內有著「甜甜蜜蜜」的滋味。當地有個傳統習俗，新人舉行了婚禮儀式後，會向現場到賀觀禮的親朋好友拋撒這種五彩紙屑糖，向大家致以美好的祝願。我在小鎮的街上隨處可見，有些商店還故意將杏仁糖包裝成一朵朵、一束束豔麗的花朵，放置在店外作爲宣傳，我差點誤以爲它們是盆栽擺設，細看之後才發覺就是當地獨有的特產。鎮上還特別在一七八三年設立了一所專門的糖果藝術和技術博物館（Museo dell'arte e della tecnologia confettiera，又稱 Museo dei confetti 五彩紙屑博物館），介紹這種特產以及出產這款糖果的生產設備，讓旅客們了解過去糖果的製作過程。裡面的舊設備讓人感覺是一所實驗室，完全不像製造糖果的廠房。

↑妝點成花束的五彩紙屑糖

由於時間允許，我們索性前往另一座中世紀小鎮蘭恰諾（Lanciano）。

我們把車泊在小鎮的加里波第廣場（Piazza Garibaldi）上，義大利很多城鎮都有同名的加里波第廣場和街道，我方才去過的蘇爾莫納也有一個。此君何許人也？到底這個名字有什麼特別的故事呢？中學時期唸過外國歷史，就會對統一義大利的君主維托里奧・埃馬努埃萊二世，以及背後爲國家統一運動做出貢獻的「建國三傑」有點印象。「建國三傑」除了朱塞佩・馬志尼（Giuseppe Mazzini）和卡米洛・奔索・加富爾（Camillo Benso Conte Cavour）外，最後一位就是朱塞佩・加里波第（Giuseppe Garibaldi）。爲了表彰他對國家統一的貢獻，許多大小城鎮，都會用他的名字來命名，表達對他的敬意。

當我來到小鎮，已是午後三時。義大利人習慣中午休息，鎮內活動盡皆停止，街道寂靜清幽。看到這一切，讓我的心情不由自主平靜下來。這裡彷彿是一個獨立的世界，而我則像是不小心闖入了這個世界。

蘭恰諾小鎮的歷史中心區分爲四個部分，其中最古老、最具歷史意義的部分叫做蘭恰諾維奇亞區（Lanciano Vecchia），也稱爲Colle Erminio，以當時小鎮的管理者爲名。一條約八百米的弗倫塔尼街（Via dei Frentani）就是唯一的主要街道，兩側大部分的樓房都屬於中世紀時期的產物。一些小鎮重

↑聖喬瓦尼塔

↑蘭恰諾主教座堂

要的雄偉建築都位於這條古老的石板街上，如廣場、教堂和紀念碑等。

冬季的小鎮太陽下山得很快，天色開始變得陰暗。我爭取時間，依序瀏覽街道上最有代表性的幾座建築物，一座如利劍直插天際的聖喬瓦尼塔（Torre San Giovanni o della Candelora，或稱燭台塔）是二戰期間被炸毀的中世紀老教堂殘存下來的鐘樓，外觀相當特別，滿布孔洞。夜晚從幾個窗孔會流溢出點點燈光。另外一座聖奧斯定教堂（Chiesa di Sant'Agostino）建於一二六六年，外牆是以石塊爲建材，大門上方有個聖母瑪利亞手抱嬰兒耶穌的神像，再更上方則是一個如車輪圖形的玫瑰窗，非常顯眼。

街道兩側的房屋亦很有特色，陽台裝有各式各樣的鍛鐵欄杆，還有五花八門的門楣設計，充滿藝術氣息。此時疫情已告結束，不過一路上未見多少當地居民，但能居住在這種神仙一般的清幽環境，著實令人羨慕不已。

夜幕低垂，我加快腳步走回停車場，與司機會合後，告別了這座小鎮。對於阿布魯佐大區歷史古鎮的探索到此結束，而這也是我在義大利前後累計一百多天的旅遊中，最後一個行程。

離島

南方的珍珠：西西里島

過去十年，我曾經或單槍匹馬、或結伴同遊義大利的西西里島（Sicilia）三次，每次的感受都不同，卻有著同樣的結論：如果沒到過西西里，就不算遊過義大利；只有到過西西里，才會發現義大利眞正的美麗。它被稱之爲「義大利南方的珍珠」。

西西里島是地中海最大島嶼，義大利南部一個自治區，形狀有如一把三角尺，面積比臺灣本島還要小三分之一，只有兩萬五千多平方公里，人口約五百萬人。義大利的形狀像一只靴子，而西西里島的位置則在靴尖，與義大利本島最接近之處，如果乘坐渡輪從南部的雷焦卡拉布里亞出發，只需四十多分鐘就抵達對岸的墨西拿（Messina）了。也由於它是歐洲和非洲的「中途島」，占據非常重要的戰略位置，自古以來，飽受多個國家的爭奪和占領，並承受東西兩方文化的衝擊和融合，兩千五百年來，留下的是數不盡的歷史痕跡和神話傳說。不單有古希臘的神殿遺蹟，也有不少阿拉伯諾曼式的建築。

同時這裡亦是義大利黑手黨的發源地，五十年前電影《教父》的故事情節就發生在這個島上，因此很多人覺得當地治安不好，時有搶劫，認爲西西里島不宜旅遊。不過我們爲了探索西西里的文化遺產，「偏向虎山行」。甚至於當我遊過之後，每每產生一遊再遊的衝動。

幾次的訪遊，我與旅伴們登山涉水，先登上歐洲最活躍的活火山——埃特納火山（Mt. Etna），再乘快艇暢遊地中海，還先後遊遍古城夕拉庫莎（Siracusa）、阿格利眞托（Agrigento）和陶米納（Taormina）。最後來到西西里的首府巴勒摩（Palermo）。行程中見識過古城、古蹟、神殿遺址、考古博物館，和大大小小不同風格的教堂。再加上衆多古希臘、古羅馬神話和傳說的點綴，讓各個景點的精彩度倍增。

幾次的訪遊都在夏、秋兩季，當然夏季天氣酷熱，豔陽高掛頭頂，走在崎嶇的山路上，感覺有點吃力，不過西西里島豐富的人文歷史、明媚的風光、熱情奔放的動感活力，即使被三十多度高溫曝曬得汗流浹背，也阻撓不了大伙高昂的興致。秋季涼風習習，秋高氣爽，比夏季時舒服得多了。

風華再現：卡塔尼亞

卡塔尼亞（Catania）是西西里島的第二大城，一座名副其實的古城，自公元前七百多年已建城，歷經希臘人和西班牙人長期的占領和統治，也經受了天災禍害。一六六九年埃特納火山發生一次猛烈的爆發，熔岩覆蓋全城，繼而在一六九三年更遭逢大地震侵襲，毀天滅地的災難再度給予這個古城一次致命的打擊。今日我們所見的卡塔尼亞，可說是劫後重生，重建成一座充滿巴洛克式建築風格的經濟商業城市。當地人民更利用肥沃的火山土壤，種植葡萄和柑橘等農作物，火山爆發後留下的火山岩石又成了重建城市的堅固建材。

古城的市容經過建築大師瓦卡里尼（Giovanni Battista Vaccarini）在十八世紀重新規劃，面貌已煥然一新，寬闊的街道，兩側排列著華美的巴洛克風格樓房。火山爆發留下的破壞，已不復見了，到了二〇〇二年，還獲得

1 埃特納大街上的仁慈之母聖殿

2 埃特納大街

世界遺產的稱號。這些古建築見證卡塔尼亞市民不屈不撓與天災、戰禍抗爭的勇氣和毅力。

我們入住的酒店位在市中心區的主要大道——埃特納大街（Via Etnea）上，街道兩旁的建築外牆裝飾了不同風格型態的雕塑，牆身精細的雕花和鐵欄杆等，把這座火山之城襯托得更爲細緻典雅。儘管籠罩在黑手黨翻雲覆雨的陰影下，我們依然無懼地行走在這條街上。埃特納大街大概只有三、四百米長，這段短短的距離間，卻有許多教堂、古蹟、廣場排列兩旁，用「五步一教堂、十步一廣場」來形容也不爲過，正可以用來考古、檢視西西里島的發展歷史。

儘管卡塔尼亞背靠的是歐洲最活躍的活火山，不時遭受火山爆發的威脅和摧殘，但它同時擁有一條美麗的海岸線，是吸引無數旅遊人士的勝地，旅遊業非常發達。卡塔尼亞城市人口約三十萬，是西西里島重要的商業發展中心，即使面對曾經重創整個歐洲經濟體的金融海嘯，依舊「屹立不搖」，甚至現在已發展成工業重鎮，有「歐洲矽谷」之稱。

雖說此處是商業大街，卻未見如鯽的上班族，馬路上零星的汽車駛過，只見到教堂做早課的教徒，和悠閒如常、在露天餐廳聊天喝咖啡的市民，一派樂天無憂的寫意生活。

距離酒店沒幾步路，見到幾根殘支巨柱組成的入口，原來是一個公元二世紀由羅馬人建造的古羅馬競技場遺址，一磚一柱彷彿堆疊起來的樂高積木。根據記載，這個競技場可容納一萬六千名觀眾，儘管宏偉氣勢比不上最著名的羅馬競技場，不過卡塔尼亞能建成如此規模的競技場，可見其在歷史上的繁榮與重要性。競技場前方矗立一座紀念碑，紀念的是這座城市的知名歌劇作曲家貝里尼（Vincenzo Bellini）。

遺址後方是聖比亞焦教堂（Chiesa San Biagio in Sant'Agata alla Fornace），這座教堂曾毀於一六九三年的大地震中，並於十八世紀重建，但不同於當地許多重建的建築爲巴洛克式，這座教堂採用的是新古典主義風格。

1 羅馬競技場遺址與後方的聖比亞焦教堂

2 貝里尼紀念碑

卡塔尼亞的大街小巷裡，有著大大小小的教堂，例如立面尚未完成，但內部古典豪華的聖尼科洛教堂（Church of San Nicolò l'Arena），是西西里島最大的教堂之一；聖阿加塔主教座堂（Cattedrale di Sant'Agata）使用當地特有的黑色火山岩，還有夕拉庫莎（Siracusa）的白色石灰岩來當建材，外牆有著黑白相間的鮮明對比。教堂裡頭供奉的是卡塔尼亞的守護神——殉道處女聖阿加塔，整個卡塔尼亞地區還有不少雕塑和教堂是紀念祂的。主教座堂所在的廣場周邊圍繞多座大型建築，如市政廳等，廣場中央則有座大象噴泉（Fontana dell'Elefante），同樣也出自瓦卡里尼的設計，這隻翹首站立，背上承載一根古埃及方尖碑的大象U Liotru 以黑色熔岩雕塑，牠可是卡塔尼亞的象徵呢！

距離大教堂廣場不到百米，就是卡塔尼亞大學所在的大學廣場。講到這所大學，開辦於一四三四年，是島上的第一所大學，原先大學的主樓位於大教堂廣場，一六九三年大地震後才重建於現址。

1 教堂廣場及大象噴泉
2 聖阿加塔主教座堂
3 卡塔尼亞大學

隔牆有耳：夕拉庫莎

夕拉庫莎（Siracusa）是一座已有兩千七百多年歷史的古城，位於西西里島東南側，包含西西里島與奧提加島（Isola di Ortigia）兩部分，曾經是一座重要的沿海城市，又是一處天然良港。這裡保留許多希臘、羅馬的古蹟和文化遺產，對考證兩千多年前的古文化有很大的幫助。夕拉庫莎的老城區歷史中心位於奧提加島，目前已有橋梁將島嶼與西西里本島相連，所以可算得上是半島了。因爲人口增加才開闢新城區，擴大了城市範圍。

隔牆有耳的由來

我和旅伴們不顧夏天烈日當空，跟隨導遊女士來一次夕拉庫莎的考古遊，意外地尋到「隔牆有耳」的根由。

1 狄奧尼西奧斯之耳
2 工人製作繩索的洞穴

我們先來到新城區的尼阿波利考古公園（Parco archeologico della Neapolis），園區占地廣闊，分為上下兩部分。大家從下部分開始參觀，首先拾級而下，到當地最著名的景點——狄奧尼西奧斯之耳（Orecchio di Dionisio），它是天堂採石場（Latomia del Paradiso）的一部分，挖採出來的石灰岩提供當地做為建造神殿等的材料。洞穴狀似耳朵，最深處有六十五米，高處有二十三米。導遊介紹此處的回音效果，洞內正巧傳來嚦嚦鶯聲，清楚送到百步之外的我們耳中，證實導遊的解說絲毫不假。

導遊不厭其煩地向大家細說故事：話說此耳狀岩洞是古希臘國王狄奧尼西奧斯（Dionysius）的得意之作，他知道岩洞有傳音效果，故意將犯人拘押在洞內，憑借岩洞傳音來竊聽犯人們交談中的祕密，達到獨裁殘暴的統治目的。

小時候學到的英文句子「Be careful what you say, the walls have ears!」（說話要當心，小心隔牆有耳！）其中的英文諺語「walls have ears」，也就是「隔牆有耳」，原來就是源自此岩洞故事，與夕拉庫莎古城有莫大關係，這眞是行萬里路的收穫了。

耳狀岩洞旁邊有另一洞穴（Grotta dei Cordari），是讓工人在洞穴內製作繩索，因爲岩山剝落，我們無緣入內。

岩洞上方是另一處重要的古希臘遺址，我們沿路上去，來到一座建在神聖山（Mount Temenite）上的古希臘劇場（Teatro Greco），公元前五世紀由奴隸們鑿山而成，可容納一萬五千多人。由於是石炭岩結構，整座劇場在耀眼陽光下呈現象牙白，非常壯觀。這座島上最大的劇場原有六十七排如階梯般的觀眾座，如今僅剩五十多層，其餘都在歲月的消磨中被破壞殆盡。我們居高臨下，遠眺可望見美麗的地中海海港。

↑古希臘劇場

劇場基本面貌仍在，呈扇形設計，有前後台之分，演員站在露天舞台上，無論高低音，傳音效果都非常好，坐在觀眾席的每一個角落，都能聽得一清二楚。現在每年夏季這裡還舉辦「希臘藝術季」（Festival del Teatro Greco di Siracusa）演出，讓觀眾能親身體驗公元前五世紀的神奇設計。

劇場高處見到不少洞穴，原來是古墓穴群。中間有一噴泉，泉水不絕而且清澈，正好給我們解渴，還可讓曬紅的臉龐稍微涼快一下。

←古羅馬競技場

古劇場的另一邊，是無數的石棺，我們順路走過去，就來到公元三世紀建成的古羅馬競技場（Anfiteatro Romano），那是古羅馬時期角鬥士與猛獸格鬥的場地，跟羅馬的圓形競技場無異。

我們耐不住飢渴，並未全程參觀完極有考古價值的保羅歐西考古學博物館（Museo Archeologico Regionale Paolo Orsi），才匆匆走完史前展館和希臘殖民時期館，連對面呈三角錐形的流淚聖母教堂（Basilica Santuario Madonna delle Lacrime）都不顧。離開的途中才聽導遊解說，教堂內藏有一尊傳說在一九五三年連續五天流淚的聖母像，因此被教徒奉爲神蹟。

半天的行程已把我們累壞，午餐還得繞路到奧堤加半島，不禁讓我們抱怨起來。

不過享用午餐的地點，是一家小巷內的道地西西里海鮮餐館，餐式豐富，特別是一道香橙沙律（沙拉），大家從未嚐過。老闆也非常熱情，當他弄清楚我們來自香港，更友善地跟大家合照，讓我們都留下極佳的印象。

奧提加半島的愛情清泉

奧提加半島是夕拉庫莎的舊城區，面積雖小，但對世界影響深遠，因為這裡出現過一位「模範市民」，就是有「力學之父」之稱的阿基米德（Archimedes）。

我們對這位偉大的古希臘哲學家、數學家和物理學家可說是耳熟能詳，中學時代必須讀他的浮力定律及阿基米德原理。他生於奧提加半島，長于斯又死于斯，有很多故事傳說描述他傳奇的一生，尤其他裸露身體，從浴盆裡一躍而起，大聲呼叫：「Eureka！（我知道了）」的故事，更是無人不知、無人不曉。洗澡時無意間發現了浮力定律，比中國曹沖秤象的故事還早了好些時間。

這位「模範市民」還把發明應用在保衛城市的戰爭中，擊敗羅馬大軍，就連羅馬大將軍馬賽盧斯（Marcellus）都說「羅馬軍隊是與阿基米德一個人之戰」，可見他的創造發明是多麼舉足輕重。

↑狩獵女神噴泉

我們搭乘的車子橫越小橋，穿過蜿蜒小巷，轉入小島的中央廣場。這座廣場以阿基米德爲名，紀念這位偉大的「市民」，中央還有一座狩獵女神的噴泉。此時兩位女導遊又開始大話西遊，講述起噴泉的神話，關於花仙阿蕾杜莎（Arethusa）爲避開河神阿菲歐（Alpheus）的追求，在狩獵女神的幫助下化身爲泉水。然而她們的神話並未引起我的興趣，反而受到廣場周遭建築的氣勢所感染，尤其是一幢白色的西西里銀行（Banco di Sicilia）大樓。四面的街巷以噴泉爲中心，幅射式向外整齊排列，宛如迷你的巴黎凱旋門設計。

↑阿蕾杜莎湧泉

接著轉往海濱區，在當地見到一個直徑約五十米的露天清泉，名叫阿蕾杜莎湧泉（Fountain Arethusa），泉中種植了翠綠而茂密的紙莎草（Papyrus）。導遊們將剛才說到一半的神話接續下去：先前提到阿蕾杜莎爲避開阿菲歐而化爲泉水，逃離希臘的伯羅奔尼薩半島（Peloponnese），直至奧提加半島。癡情的阿菲歐央求衆神之神宙斯幫助，用法力助他化成一條河，注入希臘的愛奧尼亞海，河流入海後並未消失，成爲一條地下河，穿過地底，在奧提加島與阿蕾杜莎化身的泉水匯合，遂成爲一口清冽的地下湧泉。

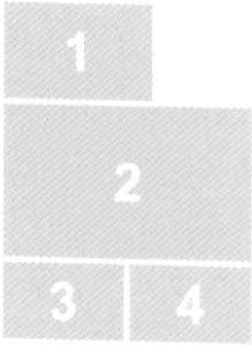

1 石灰岩堡壘

2 海濱景色

3 阿波羅神廟遺址

4 主教座堂

古時甚至有種說法，在希臘的阿菲歐河投下一束鮮花或一個杯子，會從奧提加島的阿蕾杜莎湧泉浮出，爲這段神話加愛情故事更添一筆。

在奧提加半島上，處處都有神話故事的影子，講之不盡，若對這方面感興趣的人，必定覺得如入寶山，聽得津津有味。

海濱前方有一座白色石灰岩建成的堡壘，是古時保衛疆土、防禦外敵的城堡，夾在藍天碧海間，形成絕色的景致。由於這景色太過美好，吸引我們全部的注意力，只顧著用相機留下記錄，反而將那座「愛情清泉」拋在腦後了。

小島高處有一座屹立的夕拉庫莎主教座堂（Duomo di Siracusa），也是由石灰岩建造，曾經爲二〇〇〇年浪漫電影《眞愛伴我行》（Malèna）的實景拍攝場地。午後陽光太過強烈，讓它反射出刺眼的光芒，令人目眩神暈。

主教座堂見盡奧提加半島的滄桑史，它最初是一座建於公元前六世紀的宏偉雅典娜神殿，經歷戰亂與朝代更迭，從神廟改爲教堂，又一度做爲清眞寺，遭到一再修建改造，早已不復原本的模樣，如今是十八世紀重建的巴洛克風格基督教教堂。不過層層的歷史洗禮仍然掩蓋不了神殿的舊有痕跡，在導遊的指點下，我們還能依稀分辨出哪些地方屬於舊神殿的部分。

个筆者品嘗義式冰淇淋

突然間，教堂前廣場有幾位貌美女郎在手風琴的伴樂聲中翩翩起舞，打破教堂嚴肅寧靜的氣氛，我們也不禁被她們的舞蹈所吸引，無暇欣賞大教堂內部細節。

我們在老城區還見到一堆橫七豎八傾倒地面的殘缺柱石，斷垣殘壁，根本看不出原本的樣貌。若非指示牌的說明，還眞不知道這是西西里最古老的阿波羅神殿（Tempio di Apollo），是古希臘人建於公元前六世紀的產物，經歷多次變遷，如今已是面目全非了。

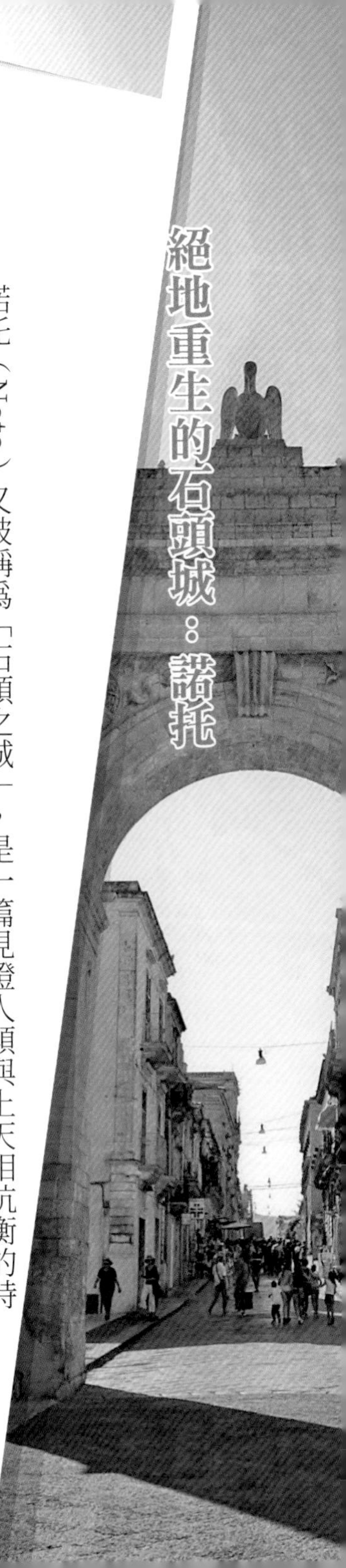

絕地重生的石頭城：諾托

諾托（Noto）又被稱爲「石頭之城」，是一篇見證人類與上天相抗衡的詩章。一六九三年大地震過後，全城盡毀，滿目瘡痍，當時的市民遷離原址，來到此處重建家園，更使用一種多孔的石灰華（Travertine，又叫洞石）當作建材，統一建成一致的巴洛克式風格，讓這座城市美輪美奐、典雅耀眼。

一條長達一公里的維托里奧・埃馬努埃萊大街（Corso Vittorio Emanuele）貫穿城中，七間大小教堂和修道院並列兩旁，其中一座米黃色巴洛克式的諾托主教座堂（Basilica Cattedrale di San Nicolò），巍然矗立在階梯上，外型居然令我聯想起澳門的大三巴牌坊。由於受到地震的影響，這教堂在一九九六年曾發生過大規模的倒塌，經重建後，在二〇〇七年再度開放。

話說義大利的教堂數量實在衆多，我們在旅程中幾乎每逢教堂便入內參觀，一來一回之下，很容易看花了眼，既疲憊不堪，又無法留下深刻印象。

不過導遊介紹一條「富人街」絕不容錯過，一定要開眼界，大家聞言立刻抖擻精神，再往上走。在一條科拉多．尼科拉奇大街（Via Corrado Nicolaci）上，每年五月的第三個周日，會舉行「迎春慶典」，又叫做「花毯節」（Infiorata di Noto），街道成爲畫布，無數五顏六色的花瓣作爲畫彩塗料，鋪出多張巨大的圖案，慶祝春回大地。居住此區者非富卽貴，巴洛克風格房屋外的露臺可見到精工細琢的雕塑，變化多樣。大家看得目不暇給，彷彿置身在巴洛克建築博物館中，都感到不枉此遊。

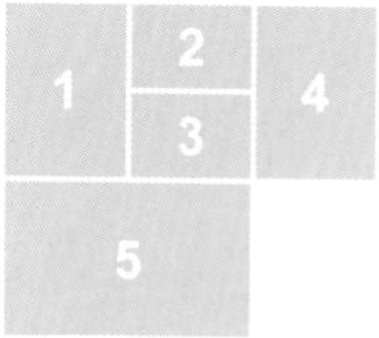

1 皇家之門
2 露臺的雕塑
3 主座教堂
4 富人街
5 市政廳

萬神之城：阿格利真托

在悠久的遠古時代，萬神移居到西西里島阿格利眞托（Agrigento）的一座小山丘上，建起一座神殿谷（Valle dei Templi），使西西里成爲人間樂土。不料引來包括希臘人、迦太基人、羅馬人、拜占庭人等外族的垂涎，發動侵略戰爭，樂土淪爲殺戮戰場，侵略者對當地的殘酷鎮壓和奴役，引起萬神的憤怒，幾經苦口婆心的勸告、警告無效後，祂們決定重返天庭，不再理會人間。臨離開前，更在盛怒下無情地摧毀神殿谷，從此只留下一堆斷支殘柱，亦即今日所見的廢墟。

以上是我自己編纂的故事，大家可千萬不要當眞！

不過神殿谷確有其地，就位在西西里南部海岸城市阿格利眞托的臨海山丘上。

第二天我們一清早就出發，中途先到恩納（Enna），車子穿梭在狹小

↑區域考古研究博物館

道路，蜿蜒而上，到達高處的舊修道院，裡面早已改頭換面，成爲現代的區域考古研究博物館（Museo Archeologico di Aidone），收藏並展出珍貴的古蹟和歷史文物，尤其一尊形態極美的「女神」像，在七〇年代被美國人非法擁有，幾經交涉才終於物歸原主，如今重新展出，館內保安嚴密，工作人員在旁虎視眈眈地監看，讓我無從偷拍，只能將女神像的美麗留在腦海中。博物館內藏品非常豐富，是考古研究的活教室，不過大家只能蜻蜓點水式在內參觀一遍，幸而有機會見到兩位專家正在工作，小心翼翼清理剛開挖出來的古蹟。

接下來車子開到皮亞扎－阿爾梅里納（Piazza Armerina）郊外一座在公元前四世紀上半葉建造的卡薩萊古羅馬別墅（Villa Romana del Casale），是古羅馬莊園的中心部分，整體規模宏大，擁有內廳、舞廳、主人臥室等多個廳室房間。別墅內最有價值的是牆壁和地面的馬賽克圖畫，用無數小型的彩色大理石塊鑲嵌成巨幅馬賽克彩圖，十分豪華，展現古羅馬貴族當年的生活方式。在一九九七年，這裡被列入世界文化遺產。

遊客最感興趣的兩處，包括主人臥室令人看了臉紅心跳的「男歡女

1 協和神殿

2 十美圖（局部）

3 朱諾神殿

4 古羅馬別墅浴池區

愛」壁畫，以及運動室的「十美圖」。「十美圖」可見到十位年輕女子在做各項運動，如跑步、球類運動、舉啞鈴等等，她們身上穿著的運動服居然是「比堅尼」（Bikini，臺灣譯爲比基尼），我們這才恍然大悟「比堅尼」的設計是出自何處。可惜這個遺址博物館是五〇年代的設計，具保護作用的上蓋支架太過密集，在陽光照射下，疊影重重，很難拍得出清晰的好照片。

這座遺址在十二世紀遭到廢棄，直到十九世紀才又重現天日，目前仍不斷進行發掘維護，相信日後再光臨，一定會有更多的驚喜發現。

午餐後，精彩的神殿谷遊覽就此展開序幕。我們在烈日下登上山丘最高處，來到了朱諾神殿（Tempio di Giunone）。導遊女士先向大家講解神殿谷，這裡是希臘以外保存最完好的古希臘神殿群，原來有二十多座，歷史約始於公元前六世紀，並在公元前五世紀達到鼎盛。經歷兩千五百多年天災、戰禍和異教徒的破壞，如今衆神殿中保存最好的是與朱諾神殿連成一直線的協和神殿（Tempio della Concordia），至於朱諾神殿上部結構已全然消失，只留下約三十根巨大圓柱，高達六點四米，我們站在圓柱下，顯得更加渺小。

協和神殿乍看之下有幾分像希臘雅典的巴特農神殿（Parthenon，或譯爲帕德嫩神廟），是西西里島上規模最大、保存最完整的神殿。公元五九六年曾一度被改爲爲供奉聖保羅和聖彼得的教堂，到十八世紀時才還以本來面目。原本神殿內部開放參觀，可惜我前往時卻暫時關閉了。

協和神殿和谷中其他神殿一樣，都是古希臘多立克柱式（Doric Order）的建築設計，特點是較爲粗大雄壯，沒有柱礎，柱頭也沒有裝飾，柱身則有一條條的凹槽。關於古希臘、羅馬幾種柱式的差別，歡迎參看我的前一本博文集《老玩童遊義大利三部曲II：羅馬、佛羅倫斯、都靈》中的介紹。

在神殿外面原來有一堵圍牆，繞神殿而建，有防禦的作用，也是一處墓穴群。

↑巨人石像與看不出原樣的宙斯神殿

僅剩下八根廊柱和一根殘柱的赫拉克勒斯神殿（Tempio di Ercole）建於公元前六世紀末，是神殿谷中歷史最悠久的一座。大伙走近那根倒塌的殘柱旁，來一幀「蚍蜉撼樹」的照片，顯示一下自己的不自量力。

大伙離開第一區，越過隔開神殿谷的現代馬路，進入第二區，也就是山谷區域最西面、最重要的神殿遺址，建於公元前四八〇年的宙斯神殿（Tempio di Giove Olimpico），據說是爲了慶祝阿格利眞托的國王戰勝迦太基人而建，長一百一十三米，是世界最大的多立克柱式神殿，然而如今的神殿已經完全看不出原本的模樣，淪爲一片廢墟。倒在地上的巨人石像（Telamone）是神殿支撐巨柱的一部分，高約八米，如此推算，宙斯神殿的柱子估計有十八米，整體約超過十層樓高，可以想見神殿規模之大。這個巨人石柱爲複製品，若對眞品有興趣，可以前往附近的考古博物館內參觀。

最遠處還有一座豎起支架正在維修的狄俄斯庫里神殿（Tempio dei Dioscuri），幾乎全部破壞殆盡，僅剩下四根殿柱，且這四根柱子還是十九世紀時，利用周遭遺蹟的材料組裝起來的。

神殿谷之旅豐富了大家對古希臘的歷史文化，除了驚嘆於古希臘人的建築智慧外，又感慨於如此巨大的神殿、全能的神祇都不能自保，敵不過歷史戰亂和地震災難，結果還是變爲一堆亂石崗。

從神殿谷規模估計，阿格利眞托市曾經是盛極一時的古希臘城市，古希臘抒情詩人品達（Pindar）就曾形容阿格利眞托是「人間最美的城市」，然而一度淪落爲義大利最貧窮的城市，二〇一〇年全市失業率高達 12.9%，是全國平均值的三倍，而且黑手黨橫行，涉入毒品交易，是西西里島上的黑名單。我們當年的這趟旅程，我事前故意隱瞞眞相，怕其他旅伴畏懼治安太壞而放棄神殿遊！不過事隔十多年，根據目前統計，古城的犯罪率已降低許多，低於全國平均值，樂觀估計整體應有一定的改善，有待日後重來考證。

挑戰「伐爾肯的熔爐」：埃特納火山

西西里島東面一處擁有美麗海灘的旅遊勝地——陶米納（Taormina）是我們此行的最後一站，也是最具挑戰和難度的一段行程。

我們乘車沿著「之」字形的山路緩緩爬升，陶米納與卡塔尼亞之間正隔著全歐洲最高而又最活躍的火山——埃特納火山。若要抵達另一邊的美麗城市，必須先犯天險，翻越這座活火山。

車窗前面，只見巍峨的山峰一直占據著我們的視線，還不斷見到裊裊白煙自火山口冒出，似乎埃特納火山正在向我們示威，展現它的實力，在在顯示它並非偃旗息鼓，而是「火氣」十足，彷彿隨時都會「雷霆大發」，向附近的居民怒吼咆哮，釀成大災難。

一路上已凝固的黑壓壓熔岩使我們見識到火山噴發的威力，在一九八九年的爆發下，民居遭到熔漿吞噬覆蓋，場面怵目驚心。古羅馬人早就把埃特納火山形容是「伐爾肯（火神）的熔爐」（The Forge of Vulcan），說明它的威力和對於當地人民的危害。

司機把車停妥於海拔一千九百米高的火山觀景纜車站（Funivia dell'Etna），我們得在這兒改搭乘登山纜車。經過司機的解釋，我們才了解原來過去登山纜車可以直抵山頂，可是遭到二〇〇一年一場火山爆發的破壞，現在最高只到頂峰下的觀景站。一定要在導遊陪同下，方可更上一層樓，登至峰頂。

我和旅伴們分頭搭乘兩台纜車，纜車看來久經滄桑，有點殘舊，沿著覆滿黑色熔岩的陡峭山坡逆風而上，此時一陣強風吹來，把車廂吹得左搖右晃，驚險萬分，我身旁的伙伴有點畏高，這時早已嚇得目瞪口呆、驚惶失措，頗有「上錯車」的悔意。

不過當大家回首朝後方望去，山下一覽無遺的視野，連同山坡上奇特的草苔鮮花，吸引了大家的注意力，一晃眼功夫，纜車早已泊上終點站了。

大家稍事整頓，待驚嚇退去，才轉乘登山巴士向海拔 2,920 米高處「進攻」，抵達後再隨導遊徒步邁向活火山口。此時我們均感到氣壓愈來愈低，氧

氣愈顯稀薄，個別同伴已有輕微的高山反應，但在好勝冒險精神驅使下，我們依然奮勇緊隨觀光客大隊，努力向高難度挑戰。

1 遭熔漿掩埋的民宅

2 搭乘纜車上山

↑徒步參觀火山口

↑火山口依然冒著白煙

厚厚的白色冰雪從一片火山岩焦土之間露出臉來，黑與白的對比極其明顯，卻讓我們深感費解，火山長期處在高溫熱力下，積雪卻未被融化，究竟是什麼原理？難道連「火神」都無法征服冰雪？又或許是相剋的關係發生作用呢？

相較大自然的力量，大伙兒儘管感到自己的渺小，依舊向天險挑戰，繞著活火山口轉了一圈，繼續前行。這時迎面而來的風勢突然增強，像刮起七級颱風一樣。大家在狹窄的山路上貓著腰，迎著強風奮力在鋪滿碎石的山脊前進，不斷加強的風把我們吹得搖搖晃晃，有些險要地方還得靠手足並用匍匐而行，隨時有被吹跌的危險，差點臣服在強風之下。不過在彼此扶持、互相鼓勵下，一舉征服這座「大熔爐」，攜手凱旋而歸。

直到返回候車室，大家才互訴剛才緊張不安的心情，並深深感嘆此段旅途的險惡。不過能夠欣賞山下美景，又能以咫尺之距觀看冒煙的活火山口，極爲難得的經驗，讓大家異口同聲稱讚此行「非常値得！」

西西里小天堂：陶米納

陶米納（Taormina）是個小小山城，得天獨厚，天氣宜人，有如鋸齒狀的海岸線，背靠活火山埃特納，面臨愛奧尼亞海。小城面積只有十三平方公里，人口約一萬多，迷人的風景吸引了無數觀光客前來，享受這裡熱情優雅的獨有情調。它被德國大詩人歌德稱讚爲「小天堂」（a patch of paradise），又被譽爲是西西里島的掌上明珠。

本來我們最初擬定的行程中並未包括小山城，但經過亨強旅行社陳總力薦，還傳來有關圖片，才使我們不致錯過這處「天堂」。陶米納最初爲古希臘殖民地，後來爲古羅馬所統治，在拜占庭時期，還曾經是西西里島的首府。當地留下許多古希臘、古羅馬的歷史遺蹟，最著名的是一座公元前三世紀由希臘人建造，再由羅馬人改建的古劇場（Teatro antico di Taormina），仍然保留著昔日建築的光輝。

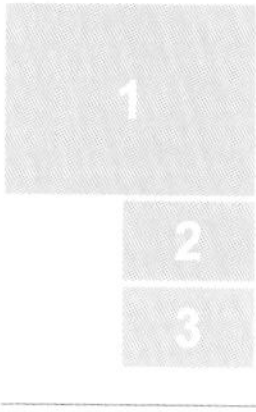

1 眺望愛奧尼亞海

2 酒店的私人海灘

3 古希臘劇場

經過稍早的活火山活動後，大家本已感到疲累，然而當車子自公路轉進這座山城後，面前的碧海藍天立卽讓我們醒轉過來。小山城就懸在陶羅山上（Mt. Tauro）海拔高兩百多米之處，依山而建，排列有序。

我們先安頓在山城腳下的酒店，這處度假式酒店擁有自己的私人沙灘，大家不顧早上的折騰，衝出露台，眺望碧波大海和滿布藍白陽傘的白沙灘，爲眼前的景色所著迷。接著大伙前往搭乘登山纜車，輕鬆到達城區。山城分爲兩個部分，一部分當然是精彩的古希臘劇場遺蹟；另一部分是商業中心區，也是觀光購物區。

我們順著遊客中心右邊的希臘劇場大道（Via Teatro Greco）一直走，就見到一座用石灰岩建成的古劇場遺址，它挖山而建，工程浩大。劇場本身呈半圓形，直徑達一百二十米，觀衆席的石階座位部分已損毀，舞台後的布景台早已坍塌了一大片，只剩下多根廊柱。當晚劇場有爵士音樂演奏演出，工作人員正忙於裝置音響設備。劇場仍能古爲今用，山城的活化古建築的確下過功夫。

我們登上觀衆席最高處，臨高遠眺，視野廣闊。從布景台缺口遠看愛奧尼亞海，一邊是漂亮的山崖岬角，另一邊經年冒煙的埃特納火山，在陽光照耀下，白色的石灰岩劇場光亮耀目，呈現出一種超脫凡俗的神聖與莊嚴。大家靜靜佇立於此，盡情欣賞這樣「人神共融」的景色，非常同意歌德當年對它的讚美。

我們也沒有放過另一面的旅遊區。主要的翁貝托大道（Corso Umberto）就在墨西拿門（Porta Messina）和卡塔尼亞門（Porta Catania）兩座城門中間，大道還交錯和延伸出許多條蜿蜒小巷，縱橫複雜，裡面有不少歷史建築和教堂，還有各種風格的民房。大道兩旁是旅遊人士的購物天堂，各類商店、咖啡廳、餐館應有盡有，遊人熙熙攘攘，非常熱鬧。

約兩百多米長的翁貝托大道就有超過十座巴洛克式、羅馬式、哥特式的大小教堂，由於數量眞是太多了，我們並未逐一入內參觀。卡塔尼亞城門前的廣場上有一座噴泉，頂部豎立一尊半人半馬的兩足怪獸雕像，原來就是陶米納山城的象徵。廣場三面環繞幾間教堂，另一面則對著大海，風水極佳。

難怪法國作家莫泊桑（Guy de Maupassant）有過一段話：「如果一個人在西西島只待一天，並詢問該去哪裡好？那麼我會毫不猶豫地回答：『陶米納。』這裡雖然只是一片小小的景觀，但卻包含了地球上爲了讓你的視覺、精神及想像盡情地沉溺，享受其中的一切。」

1 陶米納街景

2 岩石聖母教堂

3 美麗島以沙堤與本島相連

↑筆者與正在戲水的少女合影

海灘對面有座小島，名字非常好聽，叫做美麗島（Isola Bella）。連接美麗島與海灘的是條窄窄沙堤，不過我並沒有深究那到底是人工築成或自然形成的。留在西西里島的最後一個早上，我們顧不上儀態，挽起褲腳，踏水而過。可惜美麗島只供遠觀，眞正到了島上，卻沒什麼特別之處。回程時意外遇到幾位身穿比堅尼、容貌姣好、身材有致的年輕少女，我們在清澈見底的海沙上合照，留下她們美麗大方的倩影。

黑手黨大本營：巴勒摩

巴勒摩（Palermo）是西西島上第一大城市，也是該島的首府，凡看過《教父》第三集的人，都不會忘記其中一段槍戲情節，由艾爾．帕西諾（Al Pacino）飾演的教父麥可．柯里昂（Don Michael Corleone）在大劇院遇刺時，心愛的女兒爲掩護他而受創身亡。電影中大劇院的實景就是巴勒摩的瑪西摩劇場（Teatro Massimo）。

有兩位堅持正義的法官長期與黑手黨抗爭，爲民請命，最終在一九九二年五月七日遭黑手黨殺害，當地市民爲紀念他們，如今巴勒摩的法爾科內－波爾塞里諾機場（Falcone-Borsellino Airport）就是以他們爲名。所以說巴勒摩是黑手黨的大本營，並不誇張。

我孤身從「天堂」陶米納來到「地獄」巴勒摩，公路兩旁種植著島上的主要經濟農作物：橄欖、橘子和葡萄。我在車子上耗了三個多小時，才安全抵達市中心碼頭旁的度假酒店。
城貌相當殘舊，不僅沒有大城市的氣派，甚至還留有二次大戰炸毀的建築，可以想像當地政府低效率的辦事能力，相距多年仍未能徹底處理乾淨。
然而巴勒摩到底是一座歷史古城，經歷過數千年古希臘人、撒拉遜人、羅曼王朝、羅馬帝國和西班牙人的統治占領，有過一段頗長的輝煌歲月，形成獨特的文化和建築。翌日我在市內觀光，才發覺這兒仍依稀可找出過往的風華，然而也由於這個城市一度被西班牙統治，期間遭到無情掠奪與搜刮，使巴勒摩流露出一股鉛華盡洗、歷盡滄桑的疲態，美人遲暮，惹人憐憫。
我入住的酒店外形像一座堡壘，古色古香，原本準備作醫院用，後來才改裝為酒店。旁邊就是遊艇碼頭，時值黃昏落日，遊艇紛紛回航泊岸，寧靜的海邊一下子熱鬧起來。我留在酒店內享用義大利晚餐，結果巧遇一場新婚派對，還獲邀參加晚會。原來每年六、七、八三個月是義大利人結婚旺季，難怪在西西里島一路走來，碰到不少新婚的場面！
幾千年留下來的名勝古蹟數之不盡，要在短短時間內探索巴勒摩，殊非易事。我於是請導遊選擇重點精華，以便能在有限時間內認識這座古城。

1 維拉弗蘭卡
阿利亞塔宮

2 遊艇碼頭

1 販售香料的店家

2 瑪西摩劇場

3 聖母無原罪教堂的壁畫與雕塑

第二天，女導遊先帶我認識巴勒摩的街市。卡里尼門（Porta Carini）一帶是傳統的義大利街市，彩色的遮陽棚下是一排排蔬果、海鮮、肉類、香料和麵條的店鋪和攤檔，種類繁多，應有盡有。一間海鮮店居然擺放一個巨大劍魚頭，劍魚是當地人喜愛的食物，而且價錢並不便宜。店主非常熱情，還作狀擺姿勢讓我打卡拍照。

街市內原來隱藏著多家古教堂，其中有一幢其貌不揚且殘舊的聖母無原罪紀念教堂（Monumentale Chiesa Dell'immacolata Concezione），建於十七到十八世紀。一走進內部，我被嚇了一跳，四面牆壁全是馬賽克壁畫和一尊尊的雕塑。導遊說這所巴洛克教堂非常靈驗，深得信徒支持，捐獻特別多，所以豪氣十足。

至於同一條街道上的其他教堂命運不同，門庭冷落，裡面布局簡陋得多。

街市轉彎處就是「教父」遇刺的實景場地——瑪西摩劇場，劇場大門緊鎖，我未能踏上劇場階梯，重溫電影中的槍戰情節。十九世紀建造的瑪西摩劇場是爲了紀念義大利開國國王維托里奧．埃馬努埃萊二世，門前有一對彷彿「迎客」般的大型獅子雕塑，其中左邊獅子上有位女性手持樂器，代表「抒情詩」，右邊獅子上是男性拿著戲劇面具，代表的是「悲劇」。劇場占地近八千平方米，外觀像希臘神廟，又混合了巴洛克式和新古典主義的風格，是義大利最大的劇院，也是歐洲第三，排在巴黎和維也納歌劇院之後。

巴勒摩主教座堂（Cattedrale di Palermo）是獻給聖母升天的天主教教堂，更爲古老，是以一座拜占庭教堂爲基礎，建於一一八五年。該教堂的立面很有特色，兩座塔樓把大門夾在中間，而大門上端有一座十五世紀的聖母雕像，設計極爲複雜。因爲是在拜占庭教堂原址建起，所以內部仍留有這部分的建築，再增建後堂，保留西西里諾曼特色的對稱建築。歷史上，它曾經過多次的翻修，最近的一次在十八世紀，也因此整座教堂融匯多種風格的建築元素。教堂裡安置了幾位帝王的陵墓，珍寶館內還收藏著原來屬於阿拉貢的康斯坦茨（Constance of Aragon，西西里女王與神聖羅馬帝國皇后）的華貴皇冠。我並非教徒，便當作參觀博物館一般欣賞不同風格的浮雕與裝飾。

由於巴勒摩曾多次經歷外族統治，建築包羅多元文化，二〇一五年，當地一系列融合了伊斯蘭、拜占庭和西方文化藝術的建築被列入世界文化遺產，除了巴勒摩主教座堂外，保存相當完整的聖卡塔爾多教堂（Chiesa di San

Cataldo）也名列其中，教堂建於一一五四年，是一座有三個紅色圓穹頂的建築，整體建築不大，但精巧簡單，特別處是幾何設計的三十二扇窗戶，層層採光，加上有馬蹄狀的廊柱支撐穹頂，風格非常獨特。

1 聖卡塔爾多教堂獨特的穹頂設計

2 巴拉丁禮拜堂的全能基督像

3 諾曼王宮

「全能基督」馬賽克鑲嵌畫是從教堂頂端覆蓋整個祭壇，非常壯觀，如此的教堂單是巴勒摩我就參觀過兩座，一座在市區內，外貌並不特出的諾曼王宮（Palazzo dei Normanni），當我走進宮內的巴拉丁禮拜堂（Cappella Palatina），只見穹頂上巨大的「全能基督」像，從高處俯視信徒，令人震懾。周圍壁畫是用彩石砌成，金光閃閃，講述著聖經神話故事。再加上阿拉伯和拜占庭混合體的迴廊，更顯得禮拜堂氣勢不凡，難怪每天都排著人龍等候入內參觀。

第二座是在巴勒摩南方十公里的蒙雷阿萊（Monreale，意思爲「王室山」）外表同樣平凡無奇的蒙雷阿萊主教座堂（Cattedrale di Santa Maria Nuova），這座教堂爲世界上最大的諾曼式建築，裡頭的「全能基督」像更爲巨大，我估計比前一幅至少大三倍多，場面更是震撼，懾人心魄，周圍還有四十多幅用黃金鑲嵌的聖經故事，以及超過萬支音管的管風琴，規模宏偉，讓人打心底讚嘆不已。就連教堂也「一山還有一山高」，一家勝過一家。至於哪家教堂較「靈驗」，就見仁見智了。

以上兩座建築全都同爲巴勒摩世界文化遺產的一部分。

1 蒙雷阿萊主教座堂的全能基督像

2 蒙雷阿萊主教座堂

个羞恥廣場

另外還有兩座廣場也讓我留下深刻印象，兩處都在市中心區，占地不大，卻很有影響力。

其中有座廣場的中央為大理石所建的普勒多利亞噴泉（Fontana Pretoria），噴泉周邊被三十多尊大理石雕像所包圍，包括許多赤身裸體的男、女神祇、神話中的獸人、動物頭顱等，神態各異，雕工精細，猶如一座露天雕塑博物館。

令人好奇的是，廣場四周圍繞著市政廳，還有幾間教堂、修道院，這些人每天都面對袒胸露乳的裸女雕塑，又與露出「那話兒」的裸男雕像擦身而過，難道不會感到尷尬嗎？經

↑四角廣場

導遊的介紹，原來這廣場還眞有個別稱叫做「羞恥廣場」！

噴泉廣場前面就是聞名的「四角廣場」（Quattro Canti di Citta），又叫做「四首歌廣場」，馬奎達大道（Via Maqueda）和埃馬努埃萊大道（Corso Vittorio Emanuele）這兩條大道在此交錯，把中心區分割成四部分。它特別之處是廣場四個圓角各有一棟弧形的巴洛克式建築，每棟都有三層藝術雕像，其中最底層分別是代表春、夏、秋、冬四季的女神噴泉，中層是曾統治過西西里的西班牙國王，最高一層則分別是四位守護聖者。廣場上經常可見到旅客站在中央，

1 新門

2 加里波第劇院

環視欣賞四邊的精湛建築工藝。

巴勒摩的勝景不只這些，我在市中穿梭，見到一座古老的新門（Porta Nuova）上方具有老鷹及皇家徽章的雕塑，兩邊各有兩尊摩爾囚犯的雕像，表情甚是淒苦，說的是神聖羅馬帝國皇帝查理五世打敗摩爾人的事蹟。此外，義大利人喜愛歌劇，市中還有一座正門形似凱旋門的加里波第劇院（Teatro Politeama Garibaldi），拱門上有一組鋼鐵馬車和多匹騰飛駿馬，很有動感。

我沒預料到巴勒摩如此精彩，還有許多遺珠之憾，只能留待下回繼續探索了。

不過幾天時間，就已讓我體驗到西西里島的好山好水，帶來令人意猶未盡的精彩回憶。

與世無爭的度假天堂：撒丁島

我旅遊歐洲的次數已經數不勝數，若要從中選擇一處既美麗又與世無爭的度假勝地，我會以義大利的撒丁島（Sardinia，或稱撒丁尼亞島）爲首選。

英國作家大衛・赫伯特・勞倫斯（David Herbert Lawrence）在他的《大海與撒丁島》（Sea and Sardinia）小說中就盛讚「這片土地不同於世界上任何一寸土地」。可想而知，當我遊過義大利第一大島西西里島後，必定要光臨第二大島的撒丁島，感受一下這片被上帝眷顧的地方。

我首遊撒丁島是在二〇二二年，那時剛好疫後重開，我與來自巴黎的旅伴Kelvin 安排一次環島自駕遊。其實遊撒丁島最佳時間是五到七月，我在十一月初到來，旅遊旺季已過，島內顯得恬靜，沿途不少酒店已處在歇業休息狀態。據當地導遊介紹，每年夏季這裡是旅客避暑勝地，環島公路被自駕遊的車輛堵塞，交通非常擠擁。我們並未遇上旺季公路塞車之苦，大感慶幸，節省大把時間，更方便我們悠閒探索這個位於地中海中部的義大利島嶼。

撒丁島面積有兩萬五千平方公里，人口只有十六萬左右，首府城市是卡利亞里（Cagliari）。全島的海岸線近兩千公里，被列爲優美的沙灘就逾三百個，分布在島嶼四周，白沙搭配翡翠顏色的海水，讓我們認識到何謂夢幻而完美的海灘。站在島上高處眺望，浩瀚無邊的地中海，也才了解到何謂眞正的藍天大海！

這裡是義大利最古老的地方之一，可以追溯到舊石器時代，擁有獨特的文化，以及不少歷史遺蹟，其中最讓考古學家感興趣的莫過於島上的努拉吉文明（Nuragic Civilization），這部分我稍後再加以介紹。由於島嶼位處地中海的十字路口，歷史上戰亂頻繁，命運多舛，島上主權數度易手。在一八七〇年回到義大利版圖之前，一直備受周圍列國和外族的入侵。公元前八百年，它成爲腓尼基人的殖民地，之後經歷了羅馬、日耳曼部落的汪達爾人（Vandals）、拜占庭，以及西班牙人等的入侵和統治。撒丁尼亞王國成立於十八世紀，之後

↑阿爾蓋羅海邊

在維托里奧・埃馬努埃萊二世帶領下，成爲義大利統一運動的主導國，並在一八六一年統一了義大利半島。一九四八年，撒丁島成爲義大利共和國的自治區。如今，以旅遊業爲主要的發展產業。據說撒丁島曾經盛產沙丁魚，而沙丁魚的名稱 sardine 也由此而來。

島上使用的並非義大利語，而是一種拉丁語演化而來的羅曼語，與義大利語是完全不同的。還好這裡已成爲歐洲人喜愛的旅遊點，目前義、英、法語一般都能溝通，對我們這趟自駕遊沒有造成語言上的障礙。

此趟旅程分爲兩段：第一段以北部的奧爾比亞（Olbia）爲中心，第二段就以南部的卡利亞里（Cagliari）爲駐地，並將重點擺在這兩城市附近的景點，減省行李的搬運。

我們從羅馬乘航機出發，抵達奧爾比亞機場只不過是一個小時的航程。機場見到的旅遊人士不多，前面提過，因爲旺季已過，此外，撒丁島知名度不比西西里島，鮮爲亞洲人所熟知，卻也成就了撒丁島世外、脫俗的美麗自然。

走出入境大堂後，我們駕著租來的四驅車，正式展開撒丁島天堂之旅！

快樂小鎮：奧爾比亞

我和旅伴都是首次來到撒丁島，離開機場後，沿著環島公路，朝鹿港（Porto Cervo，又叫切爾沃港）的度假村前進，這是我們第一個下榻點，車程預估兩個多小時。

途中，我們經過大大小小的海灘和漁村。這兒的海水色彩深邃豐富，雖然已屆初冬，仍然見到不少人冒著習習涼風弄潮。我們也碰上了釣客，他們大方地讓我看看釣上來的沙丁魚，證明此地盛產沙丁魚並非虛構。我後悔沒有帶上釣具，不然釣得沙丁魚還可以爲我們的晚飯加餐。

撒丁島北部的主要城鎮是跟機場同名的奧爾比亞，與西部的阿爾蓋羅（Alghero）和南部的卡利亞里均受到歐洲旅客青睞，是休閒「嘆世界」（粵語：享受生活、人生）的好地方。

奧爾比亞被稱爲「快樂小鎮」，最早由腓尼基人所建，在羅馬時期發展成

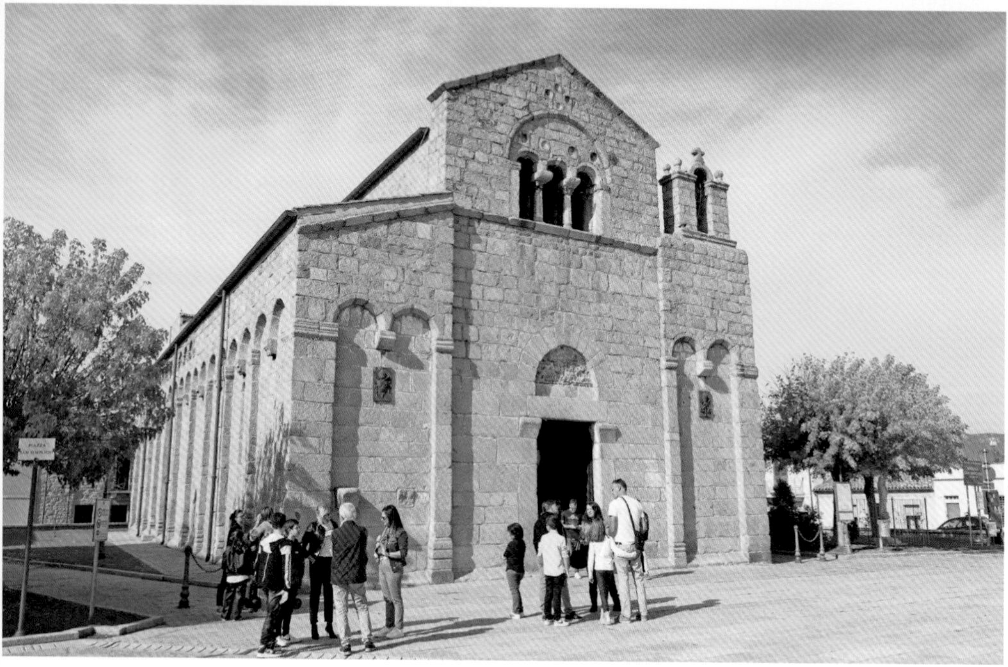

个聖辛普利西奧大教堂

與大陸聯繫的交通樞紐、漁港和工業小鎮。我們首先來到一座建於十一至十二世紀的聖辛普利西奧大教堂（Cattedrale S. Simplicio），這座典型的羅馬式天主教堂內部信徒衆多，原來此刻正在舉行彌撒儀式。

教堂特別之處是頂部有一座小鐘樓，風格顯然與羅馬式格格不入，反而是西班牙風格，是西班牙統治撒丁島時期所建。教堂內祭壇下面藏有聖辛普利西奧的聖髑（註：聖人的物品或遺體遺骨），是當地的聖地。另外還有一座中世紀的聖保羅教堂，兩者同爲奧爾比亞主要的歷史建築。

撒丁島有著久遠的歷史，想要更

↑奧爾比亞街頭

深入了解它，那非要去奧爾比亞國家考古博物館參觀不可，可得到更多機會認識當地的風土人情和它的魅力。

我們打算先找間奧爾比亞的餐廳享用簡單的午餐。縱橫交錯的街道全都是石板鋪設，色彩鮮豔的平房多半兩、三層樓高，布置典雅，並附有鐵欄杆的陽台。居民栽植各式花草樹木，使小鎮增添了生活氣息。我們發現人們喜愛坐在餐廳的室外座位，享受陽光下的午餐，我也分辨不出是當地人還是旅客，於是決定入鄉隨俗，坐在室外用餐，如此一來，似乎更加融入當地人安閒自在的生活節奏。

事實上，奧爾比亞並非一個熱門的旅遊勝地，不過它有個著名的鄰居——翡翠海岸，又叫斯梅拉爾達海岸（Costa Smeralda），因為海水有如祖母綠或是翡翠一樣的色澤而得名，據說是地中海最純淨原生態的一段海岸線。伊斯蘭教伊斯瑪儀派尼扎爾支派的精神領袖阿迦汗四世殿下（His Highness The Aga Khan IV）是位超級富豪，他在一九五〇年代買下翡翠海岸一帶約五十平方公里的土地，並出巨資將此處打造成包括別墅、遊艇碼頭和豪華酒店的度假中心，成為撒丁島人氣最旺的地方，各國富

↓鵜鶘海灘

豪、名流度假的天堂，也是熱愛帆船、風帆、高爾夫和網球等運動愛好者的勝地。我們的目的地鹿港就位在此區的中心。另一方面，奧爾比亞也憑著接近翡翠海岸的優勢，爲人熟知。

餐後，我們繼續朝鹿港前行，中途路過位於薩薩里省的阿爾扎凱納（Arzachena），一個頗具風情的小鎮，特點是一條彩繪階梯，直達上端的教堂，這是當地居民爲了慶祝小鎮成爲自治直轄市一百周年所設置。這種富有文藝色彩的小路和階梯，我倒也曾在其他地方見過，並非此地獨有。

↓阿爾扎凱納的彩繪階梯

用途不明的石塔：努拉吉古文明

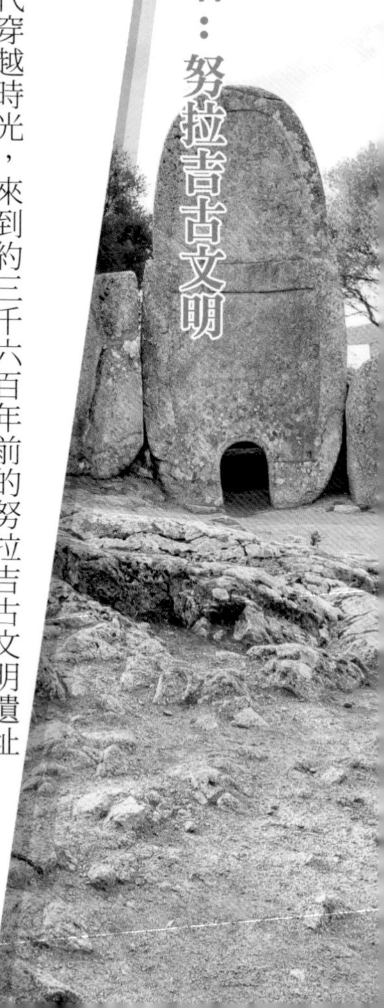

我們的下一站從現代穿越時光，來到約三千六百年前的努拉吉古文明遺址（Nuraghe La Prisgiona）。

努拉吉是一種用石塊疊起的中空平頂圓錐狀建築，全島據稱有大約七千多座這樣的石塔，最早可以追溯到公元前十七世紀。關於這些獨特石塔建築的功用，猜測可能爲防禦性的堡壘、宮殿、寺廟、觀天文的高臺，和圈養牲畜的倉庫等等，然而眞正的用途，考古學家至今依然莫衷一是。

我們來到的這個遺址在阿爾扎凱納附近，面積非常大，且只能靠徒步進入。這裡有個複合型的努拉吉石塔，具有主塔和兩個側塔，看起來類似堡壘。主塔入口上方是三點二米長的巨大門楣，內部有個高六米的假圓頂，四周還有壁龕。石塔周邊散布了約百座小屋，似乎是個村莊。我們沿著遺址中的步道，順著方向指示標誌進入黑壓壓用石疊起的巨塔，按次序將遺址繞了一圈。

↑阿爾扎凱納的努拉吉遺址

我們還就近參觀了寇督威丘巨人墓（Giants' grave of Coddu Vecchiu），是長形墓道的建築，最前方排列了十一塊花崗岩石，中央的那塊最爲巨大，高四米，猶如墓碑，下方的洞則是墓室的入口。我們不清楚古人究竟使用什麼運輸方式，把幾噸甚至幾十噸的花崗岩搬運疊起。

另外，在奧爾比亞還有個蘇蒙埃斯阿貝巨人墓（Giants' grave of Su Mont'e s'Abe），這座墓約二十八米長、六米寬，分成兩個階段建造，最初的長形墓道建於公元前兩千年的博納納羅文化（Bonnanaro）時期，努拉吉文明時期則豎立起中央碑石，改造爲巨人墓。

↑冠督威丘巨人墓

除此之外，還有更爲古老的仙女之家（Domus de Janas），屬於前努拉吉文明，大約建於公元前四千到三千年。傳說仙女們在這些房子裡用金色的織布機編織出珍貴的布料，一邊作業，一面唱著歌。那位守著古遺址的女管理員繪聲繪影地告訴我們：每當夜幕降臨，仙女之家附近還隱隱約約傳來織布機的聲音。我們聽到後，雖然日光日白（粵語：大白天），也不禁感到毛骨悚然。事實上，這些外觀看起來像是石造的小房子，是古老的喪葬建築，眞正的用處是埋葬死者的墓室，而且數量超過三千個，大多分布在撒丁島的北部和中部。

奢華時尚的度假勝地：鹿港

我前往撒丁島的不久前，有一則消息震驚了義大利和中國的頂級富豪圈：一名年僅三十三歲的中國王姓女富豪豪擲八千萬歐元（約人民幣五點六三億人民幣／新臺幣二十五億）全款購入了一座超級豪宅，豪宅所在地就在鹿港。能完成如此交易的王女士，當然引起外界的廣泛關注和猜測，也再一次證明了富豪們「英雄所見略同」的銳利眼光。

我們在鹿港下榻的度假村位於小山丘上，朝向阿爾扎凱納這一區有多個漂亮海灣。酒店本身布置得大方得體，外面還有附屬的奢華名牌購物區和藝術中心，不過大部分都關門歇業。我向酒店打聽，到底是疫情緣故令這些商店倒閉，還是另有原因。原來這兒雖然是歐洲旅客的天堂，但受季節影響，旅遊人士集中在夏季來此消暑度假，一年中的營業時間約六個月，所以如今才會是這般冷清的境況。

1 名牌購物中心

2 碼頭一隅

3 海灘觀日出

4 各種形狀的花崗岩

↑從教堂看鹿港

我們在度假村留宿了四天，每天早晨走到酒店外面的海灘觀賞日出地中海的壯麗景色，紅日從海岸對面冉冉升起，燃亮了岩石和海面。以紅光碧波爲背景，我這個「老玩童」忍不住在海灘上來一次跳躍，留下我在這兒的足跡。我和 Kelvin 不僅聯袂散步在附近大大小小的海灘，看著潮漲潮落，也不忘攀上山崗，與那些奇特的花崗岩石來個親密接觸。此處岩石千姿百態，有類似象、熊形狀的大岩塊，是當地著名的地標岩石，更有許多不知名的岩塊，任憑大家發揮自己的想像力，爲它們取一個創意的名字。

山崗上有一座現代地中海建築風格的海洋之星聖母教堂（Church of Stella Maris），特色是醒目的白色鐘樓、波浪型立面和以不規則石塊做爲門廊柱子。我站在柱子旁，俯視鹿港一帶的海濱區 Promenade du Port，充滿閒適安逸的氛圍。

1 海洋之星聖母教堂

守衛小鎮的巨塔：奧里斯塔諾

我們繼續自駕，從北向南沿著公路朝卡利亞里前進。在預訂的行程中，會經過多個小鎮，和擁有大學學術氛圍的薩薩里市（Sassari），它與卡利亞里均爲歷史悠久的重要城鎮，分別占全島人口第一和第二多。從北往南可以選擇乘坐遊輪或沿環島公路前往，由於正處旅遊淡季，自駕遊既方便，又可順道穿州過省，走訪途中的大城小鎮，樂趣無窮。

我們在途中的奧里斯塔諾（Oristano）稍作停留，當地以漁業、農業和旅遊業爲主。鎮內歷史遺蹟很多，包括一座建於一二九〇年，高十九米，享負盛名的馬里亞諾二世塔（Tower of Mariano II），豎立在小鎮入口，宛如一個巨人守衛小鎮的大門，它亦是該鎮的代表建築。

今天剛巧遇上微風細雨，穿過巨塔後來到鎮上的大街小巷，路上行人很少，街道上懸掛可愛的彩燈，環境清新雅致，相當討喜。被各種風格建築包圍的 Piazza Eleonora d'Arborea 是當地的主廣場，不同於他處的廣場通常有座噴泉，這座廣場的中央是一尊女神雕塑，紀念的是撒丁島歷史上一位女英雄 Eleonora d'Arborea。拐過一個彎，來到一座龐然的宗教建築前，聖瑪利亞大教堂（Cattedrale di Santa Maria）是當地的主教座堂，也是最有名氣的。可惜我們被擋在教堂外無法進入，無奈之下，只好乘車繼續下面的行程。

1 奧里斯塔諾街景
2 馬里亞諾二世塔
3 廣場中央的女神雕塑
4 聖瑪利亞大教堂

LAVAZZA
TORINO. ITALIA. 1895

典雅別緻的小城：薩薩里

撒丁島的第二大城薩薩里市與法國科西嘉島距離非常接近，僅一水之隔。小城自新石器時代開始已有人煙，是島上最古老的城市之一，努拉吉古文明的巨人墓就在此城發現，是考古研究的一處重要基地。

小城還有一所創立自十六世紀的薩薩里大學（Università degli Studi di Sassari），積極培養學術人才，也使小城充滿濃厚的學術氛圍。可別小覷這所大學，它可是義大利南部重要的高等教育機構，也是全島唯二的兩所大學之一。學校致力於科研和技術創新，名聲顯赫，在國際上有很高的聲譽。

十三世紀時，薩薩里周圍有城牆圍住，城牆共有三十六座塔樓，可惜多敵不過時間的考驗，至今只遺下六座，其他皆已湮滅。

老城區保存的建築，以十六到十八世紀爲主，典雅別緻。一座氣勢恢宏的薩薩里大教堂（Cattedrale di San Nicola，也叫聖尼古拉大教堂）成了該城的地標，建於十二世紀，外牆的雕刻很精緻。教堂原爲羅馬式風格，不過陸續增添了哥特式、文藝復興、巴洛克和新古典主義的元素。小城以大教堂爲中心，市區從此處向外延伸擴展。可惜義大利人習慣一到了正午十二時就關門休息，讓我無緣入內參觀。

↑軍警招募日

↑薩薩里主教座堂

我發現小城內巷弄鋪設的石板路，居然有陰陽色的搭配，中間是鵝卵石，很有美感。蜿蜒小巷盡頭的義大利廣場（Piazza d'Italia）是這兒的主廣場，這天聚集了各種兵種和治安警察，原來恰好遇上軍警招募日。我乘機走近，與他們來一張合影。當我們走到市政廳時，巧遇一群小學生，正在老師的帶領下參觀市政廳的城市未來規劃。見到東方面孔的我們，紛紛熱情地揮手打起招呼。

我深受小城風情所吸引，欲罷不能，還想多加逗留。可惜時間有限，Kelvin 已在一旁催促，只好與之告別，繼續旅程。

充滿生機的首府：卡利亞里

我們在傍晚前趕到了撒丁島南部的首府卡利亞里，也是我們此次環島的第二個下榻點。古城也歷盡滄桑，曾經由迦太基人建城，繼後又被羅馬人占領統治，直至一八七〇年併入義大利版圖。因爲它地處撒丁島南端一個內海灣，占有優越的地理位置，自古至今都是軍事要塞，所以沿海岸的大小山崗還能見到多個殘缺不全的城堡和瞭望塔遺址。

按亨強旅行社陳總的安排，我們下榻的酒店在中心區，方便餘下幾天的觀光。翌日一早，我建議先去瞧瞧當地市集。我喜歡逛市集，可直接了解當地市民的生活和習慣。這兒的市集分爲露天和室內，規模可眞不小！攤檔上售賣各式各樣新鮮果菜以及食物，一應俱全。可能當地市民甚少見到亞洲面孔，疫情後更是難得，紛紛熱情地跟我打招呼。見我背著相機，更主動擺起pose，展示自己的商品。有的攤主甚至還當眾表演，手起刀落，削起大塊的肉排呢！

撒丁島的第一大城當然氣派不凡，分爲新城區和老城區，新城的市集前面是名店時尚區，滿是精品店、咖啡廳和小酒吧，更有古董店和畫廊等。橫街窄巷兩旁還見到不少藝術家們的塗鴉畫作，充滿活力，現代氣息濃厚。

一棟棟高樓建在新城的海濱區，港口還架起了一座座大型吊臂機器，處處生氣勃勃。城內還設有內陸機場，方便義大利國內旅客的往返。新城區部分，我的訪遊重點爲港口碼頭，這兩天天氣轉壞，風大兼有微雨，我們無法前往島的盡頭參觀山上城堡遺址。山下是漁港，泊滿了歸航的漁船，顯然漁村本來面貌依舊在，未有消失。

卡利亞里老城區留有兩千多年歷史的文物和遺蹟，看點不少，城堡區（Quartiere Castello）就是我和 Kelvin 探索的起點。城堡區既是街區的名字，也是一座實際存在的古城堡。

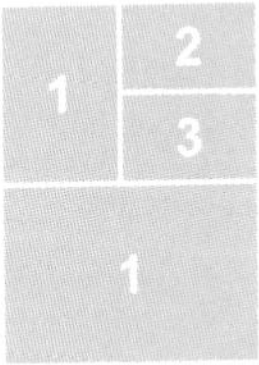

1 聖瑪利亞大教堂

2 熱情的市集攤主

3 卡利亞里街道

城堡建在卡利亞里最高的山崗上，四周環繞著十三至十四世紀比薩人建造的防禦工事和教堂。一座建於十三世紀的聖瑪利亞大教堂（Cattedrale di Santa Maria）是卡利亞里大主教的所在地，最初是比薩─羅馬式風格，在十七到十八世紀時進行擴建，添加了巴洛克風格的壁畫和雕塑，還保留一個哥特式小教堂，教堂內可欣賞宗教瑰寶和藝術藏品。

另一邊廂，新古典主義風格的聖雷米堡（Bastione di Saint Remy）也是卡利亞里的重要景點，在十九世紀末建造，立面有一座巨大階梯和凱旋門的造型。這兒在二戰時期慘遭轟炸，

1 眺望城區全景

2 大象塔

3 聖雷米堡

後來才修復原本面貌。我們拾級而上，這才正式進入老城區，過去軍事防禦用的高城牆，如今成了人們休憩的露天觀景台，從這裡盡情眺望，近觀堡壘宏偉的拱門和廊柱的景致，遠眺廣闊無邊的卡利亞里海港，可以說一眼望穿整座新城風貌。

飽覽港口風光後，我們踏上老城區的坡路，抬頭見到一座別具一格的建築，隱藏在一條巷子裡，它是有名的大象塔（Torre dell'Elefante），建於一三〇七年，塔樓的外牆上有一個不起眼的迷你大象石雕，當我們第一次經過時竟然與它擦身而過，並未發現。後來遇上城內觀光車，經由司機導遊指點，才知道這座殘缺的塔原來很有名氣。這座塔樓由白色石灰石建造而成，高約四十米，曾經用於防禦上，後來又改爲關押犯人的監獄。特別之處是朝向城內的一面不知何故是鏤空開放的樓閣，我猜測這並非出於建造資金問題，想必是年久失修所致，問了司機卻未能得到解答。大象塔原本是可以登頂的，樓內中空且設有木梯，可以直達塔頂。不過爲了維護與安全，現在已禁止攀登，否則若能爬到頂層，更上一層樓，全城景色必能一覽無遺。

漫遊老城區時，我發現每條街巷各有特色，不管是商鋪或是民房，都有不同的布置點綴，例如門框上端有蝴蝶的造型，也有女子的大腿設計，眞是千奇百怪，到底是當地習俗或是其他因由，無從考證。最後，觀光車帶領我們來到卡利亞里國家考古博物館（Museo Archeologico Nazionale di Cagliari），這時我的記者證再度派上用場。館內收藏在撒丁島多處遺址發現的早期文物和兵器，例如努拉吉古文明的小型青銅雕像，還有刻有腓尼基文字的諾拉石板（Nora Stone）和古羅馬的藝術品等等，無疑讓我增加了對島內文化歷史的認識。

接著我們再乘上觀光車，來到羅馬人建造的圓形劇場遺址。劇場是在公元

↑考古博物館內的古羅馬石棺

↑圓形劇場遺址

一世紀時依山而建，因地制宜，由石塊和混凝土築成，設有階梯和走道，與周邊的自然環境融爲一體。雖然大部分已遭破壞，但殘存的一部分保存尚算完整，仍可看出它曾經的氣勢。其實這座古劇場早已對外關閉，多虧司機導遊的掩護，讓我們從一處祕道竄進，才得以毫無阻擋地看到劇場遺址的全貌。

我們在首府卡利亞里總共逗留了三天，不過這座古城景點實在太多、太豐富了，直到我們離開時，依然未能一窺全貌。大家內心依戀，實在不願離去。

在此向朋友們重申，到義大利旅遊，可別再只知道西西里島了，撒丁島也是值得推薦的好地方！

蓬萊仙島：馬達萊納群島

都說西西里島是義大利的美麗之源，加上不少經典電影在島上取景拍攝的加持，相比之下撒丁島確實顯得黯然失色，卻也因禍得福，至今依舊未加雕飾，是個保持天然純樸的「蓬萊仙島」。

馬達萊納群島（Maddalena Archipelago）由七個主要島嶼和眾多小島和礁石組成，就在著名的翡翠海岸附近。我們先來到薩薩里省的帛琉（Palau，又叫做帕勞）乘上汽車渡輪，二十來分鐘的時間，跨過淺窄的海峽，抵達最大的拉馬達萊納島（La Madalena）。過程中，我站在渡輪甲板，除了眺望拉馬達萊納島外，還可以見到周圍三個較大的卡布雷拉島（Caprera）、聖斯特凡諾島（Santo Stefano）和斯帕奇島（Spargi），它們過去是放牧人的天然牧場，現在改爲旅客漫步遊覽的國家公園。拉馬達萊納群島國家公園（Parco Nazionale dell'Arcipelago di La Maddalena）是撒丁島上建立的第一個自

然保護國家公園，同時也是該國唯一由單一城鎮管轄的國家公園。

1 馬達萊納群島

2 卡布雷拉島海灘

↑ 加里波第故居

今天我們計劃用一整天的時間漫遊拉馬達萊納島和第二大的卡布雷拉島。待渡輪泊岸後，馬上驅車跨過一條二〇〇七年才建成的跨海大橋，到達彼岸的卡布雷拉島。

卡布雷拉島的面積約十五點七平方公里，人口只有一百七十多人，所以島上大部分都是無人區，滿布叢林灌木，海灘上散落大大小小的花崗岩石，被海浪沖蝕成不同的形狀，整座小島顯得有點荒涼。

我們沿著環島的公路行駛，一路上漂亮的海灣和山崗上千奇百怪的岩石吸引著我的視線。不過我最主要的目的是到訪山上的朱塞佩·

加里波第故居，爲了他的事蹟慕名而至。前文曾經講過，加里波第是義大利人民心中的民族英雄，是家傳戶曉的革命家、政治家和軍事家。他征戰連年，除了爲義大利統一事業獻身外，還參與南美洲巴西、烏拉圭等國家的起義軍，爲了正義，與當時的統治者奮戰，所以他被稱爲「兩個世界的英雄」（Hero of the Two Worlds）。對於他卓越的軍事才能，以及對共和國的無限忠誠和勇敢，馬克思和恩格斯都給予高度的評價，稱他爲「蒙特維多（烏拉圭首都）和羅馬的英雄」。義大利統一後，加里波第選擇來到小島長居，直至逝世，「白屋」是他最後的歸宿。

這次我同樣憑藉記者證免費進入「白屋」，裡面布局擺設簡單樸素，陳列他過往的用品、衣物等，同時也保留他妻子和兒女的物品。故居後方種滿樹木的花園內，就是他和家人靜靜長眠的地方。故居位置在小島的山腰間，這天天氣晴朗，我還可以隱約望到對面的法國科西嘉島。

拉馬達萊納群島國家公園的範圍還覆蓋幾個較小的島嶼，包括聖瑪利亞島（Santa Maria）和拉左里島（Razzoli），另外還有布德利島（Budelli），是最有名氣也最美的一座，島上有著粉紅海灘（Spiaggia Rosa），特有的玫瑰色來自於沙中細小的珊瑚和貝殼碎片，日復一日的潮起潮落將這些碎片磨成粉末融入沙灘，成了沙灘的一部分。然而這無與倫比的美也很脆弱，旅客的到來對其造成了影響，以致現在海灘已經關閉，只能遠遠遙望。

值得一提的是，關於這座小島還有一個轟動一時的人物，他就是「義大利版魯賓遜」毛羅．莫蘭迪（Mauro Morandi）。他在一九八九年意外上島，接替了島嶼管理員的位子，成爲島上唯一的居民。這些年來他持續清理道路、整理海灘，也會對夏季前來的旅客進行生態導覽。他曾表示「希望在這裡死去，火葬，讓骨灰隨風吹散」，但自二〇一六年開始，卻遭到拉馬達萊納國家公園管理當局的多次驅逐威脅，雖然多年來他堅持抗爭，最終在二〇二一年還是被迫離開了這個生活了三十二年的「私人家園」。

斯帕奇島狀似圓形，本身是一個石島，布滿各種姿態的花崗岩，且到處是灌木樹叢。這裡人跡罕至，使美麗的自然生態保存得相當完好。我站在陡峭的海岸邊，聽風望海，別有一番情調。

1 各種姿態的花崗岩

2 連接拉馬達萊納島與卡布雷拉島的跨海大橋

3 加里波第紀念碑

告別了這兩個小島後，回頭過來遊覽最大的拉馬達萊納島。島上的小鎮與它同名，同時也是群島中最主要的城鎮。這是一個充滿生活氛圍的濱海小鎮，避風的海灣內停泊著漁船，城鎮以翁貝托一世廣場（Piazza Umberto I）爲中心，廣場後面的橫街窄巷到處都裝飾著鮮花和植物，民房外牆粉刷上繽紛的顏色，有一點像臺灣基隆的正濱漁港。由於拉馬達萊納島的地理位置特殊，從十二世紀開始就成爲兵家必爭之地，在拿破崙戰爭期間，這裡被改爲一處重要的軍事基地，因此島上依然保存不少廢棄的堡壘和瞭望塔，頗具年代意義。目前這座島是以旅遊業爲主要產業。

馬達萊納群島除了好幾個富有煙火氣的小鎮和漁村外，還有度假區以及適合水上活動的勝地。若有機會來到撒丁島，別忘了將遊覽群島排入行程中。

1 小鎮港口

RISTORANTE PERLA
CIVICO MERCATO

後記

總字數超過二十萬的《老玩童遊義大利三部曲》終於完稿付梓了！這是我所寫過關於單一國家的遊記中，字數最多的，還得分成三本書來出版，也算是破了我個人的紀錄。

疫情期間，當世界的步伐放緩，許多人的旅行計畫受到了限制，卻未能阻擋我探索世界的渴望和旅遊世界的腳步，其中很長一段時間都待在歐洲，單是義大利這個國家，累積起來就超過一百天之久，如此深刻的體驗，也成就了《老玩童遊義大利三部曲》的誕生。這段時間的旅程在義大利不同城市、小鎮和村莊中展開。無論是浪漫水城威尼斯、藝術之都佛羅倫斯，古老帝國的中心羅馬、石頭城馬泰拉、蘑菇村阿爾貝羅貝洛……每一個地方都帶給我不一樣的驚喜。

當然，義大利的魅力不僅僅體現在城鎮，同樣也在它的人民、食物、文化和自然風光中，古老和現代超越時空的隔閡彼此對話，每一塊磚石都訴說著故事，每一道菜餚都帶有深厚的文化背景。

書中提到的許多地方都是我第一次前往，而且意猶未盡、一遊再遊，例如馬泰拉就是在二〇二〇年十月第一次旅遊之後，欲罷不能，於是安排二〇二三年再度前往。同樣也是第一次前往的濱海波利尼亞諾海蝕洞穴餐廳更讓我印象深刻，難以忘懷，光是見識到這種獨一無二的絕美風景，就已經值回票價了。

然而，同樣也受疫情的影響，我未能前往一些原先計畫的地方，例如五漁村和西西里島，爲了保持整部義大利遊記的完整性，我節錄了之前旅行所寫的章節。除了這兩處之外，其他的地方都是在疫情期間初次到訪或是再度重遊。同時我也深信，無論何時造訪這些地方，它們都會帶來不同的感受和體驗，這也是旅行的眞正魅力之一。

不過，我得再次強調一點，就如我在〈自序〉中說過的，如果計劃前往歐洲旅行，請不要急於前往義大利，而是先到其他地方，最後再到義大利，這樣才會覺得精彩、有味道；若是反過來，先到了義大利再去其他地方，便會覺得平淡無奇、索然無味。

《老玩童遊義大利三部曲》雖然已經完結，但這絕不是我在義大利旅遊的終點。義大利是一個無窮無盡的寶藏，擁有無限的可能性。我仍然期待著再次踏上這片美麗土地，發現新的角落，品味新的美食。義大利確確實實是一個會讓人上癮，樂此不疲旅遊的國度，我對她的探索也還會持續下去。同時，我的博文集系列也即將邁入另一個里程碑，這是我第十九本博文集，目前正規劃第二十本的內容，到底要跟大家介紹世界的哪一個角落，分享哪些旅行故事，也歡迎大家未來繼續給我鼓勵指教。

最後，我想感謝所有參與這次旅行的人，無論是我的旅伴還是那些在旅途中遇到的新朋友，他們的陪伴和分享豐富了這次旅程。當然，也希望書中的文字和圖片可以讓大家感受到這個文明古國所擁有的美麗和多樣性，激發更多人的好奇心，前往一探義大利的自然和文化之美。

个同樣值得一訪的美麗村莊：卡斯特爾梅扎諾